北京就业史

（1949—1965）

吴绮雯◎著

Beijing
Employment History
(1949–1965)

中国工人出版社

图书在版编目（CIP）数据

北京就业史：1949–1965 / 吴绮雯著. — 北京：中国工人出版社，2019.5
ISBN 978-7-5008-7177-4

Ⅰ. ①北… Ⅱ. ①吴… Ⅲ. ①就业 – 历史 – 北京 – 1949–1965 Ⅳ. ①D669.2–092

中国版本图书馆CIP数据核字（2019）第077667号

北京就业史（1949 – 1965）

出 版 人	王娇萍
责任编辑	罗荣波　周子欣
责任印制	栾征宇
出版发行	中国工人出版社
地　　址	北京市东城区鼓楼外大街45号　邮编：100120
网　　址	http://www.wp-china.com
电　　话	（010）62005043（总编室）　（010）62005039（印制管理中心） （010）82075935（工会与劳动关系分社）
发行热线	（010）62033018 62004002 62005996　（010）82081553（传真）
经　　销	各地书店
印　　制	北京市密东印刷有限公司
开　　本	710 毫米 × 1000 毫米　1/16
印　　张	13.75
字　　数	200千字
版　　次	2020年1月第1版　2020年1月第1次印刷
定　　价	52.00 元

本书如有破损、缺页、装订错误，请与本社印制管理中心联系更换

序

新中国作为一个人口众多的发展中大国，受到城乡二元结构和户籍制度的影响，又正经历着工业化、城市化、市场化的急剧变迁，就业问题繁纷复杂，既是中华人民共和国经济史研究领域的重大问题，也是难点问题和薄弱环节。记得有历史学家说过：历史研究应该从现时代中找问题，从过去的时代中找答案。研究新中国第一个历史时期的就业问题，对于我们正确理解中国的经济发展和制度变迁，科学把握今天中国的就业问题都是非常有必要的。

新中国成立后，碰到的一个突出问题，就是如何解决新中国成立前遗留下来的大批失业人员。城市就业问题是过去以农村为根据地、以武装斗争为中心工作的中国共产党执政后面临的巨大挑战。新中国成立初期，面对沉重的失业压力，党和政府积极开展失业救济工作，有步骤地介绍、安置失业无业人员，并与当时的农村土地改革相结合，鼓励城市失业人口自愿返回家乡务农。在失业救济的同时，政府着手开展就业安置和介绍工作，通过政府介绍就业与个人自行就业两种途径灵活安置就业，效果良好。

1953 年中国转入大规模经济建设以后，为保证国家安全，必须加快建立独立工业体系，同时为了突破“贫困陷阱”，要保证高积累下的社会稳定，中国选择了优先发展重工业的社会主义工业化道路，与此相配套，国家建立起单一公有制基础上的计划经济。重工业优先发展战略具有建设周期长、关键设备须进口、一次性投入多等特性，这与当时新中国资本稀缺、科技人员稀缺和农村劳动力大量过剩的资源禀赋结构并不相符。新中国成立初期，中国还是一个以传统农业为主的农业大国，资本和科技人员都非常短缺，要优先快速发展资本密集的重工业，如何保证合格的劳动力供给和配置成为关键因素。通过计划管理的办法，在限制农村劳动力流入城市的同时，把受过专业教育的大中专学生和城市就业人口按照产业发展的优先次序和需要进行计划配置，由政府统一调配劳动力，这些构成改革开放前城市就业的基本制度和政策。而北京既是首都和重点建设城市，又因为在旧中国是典型的消费型城市，产业结构和就业人口转型问题很多，本书将其作为一个案例来解剖，就可以达到“见微知著”“管窥蠡测”的作用。

目前学术界大多是从经济学角度对改革开放以后，特别是社会主义市场经济条件下的劳动就业开展研究，成果也很丰硕，但对改革开放前的就业历史研究和认识还很薄弱，对改革开放前我国就业制度的形成背景、过程、内涵以及得失，尚缺乏系统全面的梳理和分析，对其制度和政策效果也论述不够。中国是一个人口多、人均资源匮乏的发展中大国，同时又处在社会主义初级阶段，工业化、城市化是必由之路，研究计划经济时期中国城市就业问题，有助于进一步认识什么是社会主义，如何建设社会主义；什么是初级阶段，如何使各种政策与这个阶段相适应。事实上，中国的就业问题根植于新中国70年发展历程中，1978年前后两个历史时期的就业问题都值得研究，它们之间不是彼此割裂的，更不是相互对立的，而是内在统一的、继承发展的，需要联系起来研究和认识。古人说：“物有本末，事有始终，知所先后，则近道矣”，习近平总书记也指出：“重视历史、研究历史、借鉴历史，可以给人类带来很多了解昨天、把握今天、开创明天的智慧。”可以说，只有弄清楚1978年以前的就业历史，才能准确全面把握新中国就业制度产生及变迁的原因和内在规律。进而对新中国70年历史有一个全面正确的认识，坚定“四个自信”。

本书围绕北京市就业的具体情况，进行了较为系统和深入的历史考察和实证研究。挖掘并使用了大量原始档案材料，在尊重史料的基础上，以中国共产党和中国政府为行为主体，通过对1949—1965年城市就业作历史的梳理、分析和解读，探求我国计划经济时期城市就业变化的特点、规律及背后的影响因素，寻求城市就业与国家工业化建设、经济体制改革之间的内在关系。一方面有利于我们借鉴历史经验，指导当前的就业工作；另一方面也充实了学术界关于新中国就业历史的研究。

史学研究的进展很大程度上依赖新史料的挖掘、整理、分析和使用。在挖掘、收集、梳理史料的基础上，进行理论总结，尽量做到以史导论、论从史出，这是在经济史研究领域有待大力提倡和积极推进的。该书挖掘并使用了大量原始档案材料，在详细的史料整理基础上，对1949—1965年间的北京城市就业进行客观分析和总结，得出了一个重要的结论，即在新中国成立初期，中国在生产力水平低下、劳动力大量过剩的条件下，为了国家安全需要和突破“贫困陷阱”，以及尽快改变重工业的“瓶颈”制约，优先发展重工业是正确的选择，而与之相应地建立起城市计划就业体制也是必要的，是与当时的经济体制、工业化水平相配套，与当时的经济发展战略和尽快建立独立完整工业体系要求基本相适应的。但是我们也不必讳言这种体制机制应该具有一定的灵活性，应该随着工业化和城市化的推进而不断调适。这可以说是对计划时期的就业制度和政策持否定态度的一个有力回击。

吴绮雯副教授从读博士到做博士后，一直到工作，都始终在关注和研究新中国的就业问题，从史料上下功夫，不怕坐冷板凳，才有了这本书，既可敬、可喜、可贺，也应该看到今后的道路还很长，中国在现代化过程中以及以后就业问题的解决，不仅是中华民族实现伟大复兴的必要条件和重要标志，也会为世界解决这个难题提供中国的经验和智慧。任重道远，愿吴绮雯同志不断前行，取得更多研究成果。

武　力

中国社会科学院当代中国研究所副所长

目　录

第一章　新中国成立初期（1949—1952） 1

一、新中国成立初期北京市的失业压力 3

二、失业救济工作的开展 9

三、就业安置 26

四、恢复发展城市私营企业 28

第二章　“一五”时期（1953—1957） 35

一、“一五”时期劳动力供求关系的变化 37

二、就业政策的演变 47

三、北京市计划就业体制的形成 58

四、就业增长、就业结构与劳动生产率的变化 75

第三章　“大跃进”运动时期（1958—1960） 79

一、城市劳动力需求的急剧膨胀 81

二、城市就业政策的调整 106

三、职工数量的过快增长 109

四、劳动力的流动 111

五、劳动力的培训 120

第四章　国民经济调整时期（1961—1965） 125
一、精简城市职工 127
二、经济调整中的北京市就业 144
三、城市青年有计划上山下乡 159

第五章　结语 169
一、影响北京市就业的主要因素 171
二、城市计划就业体制的评价 175
三、经验教训 183
四、启示 185

附　录 192

参考文献 197

资料来源 206

图表索引

图 1—1　北京市 1952 年各主要行业失业率（%）　8
图 1—2　北京市失业工人治理组织管理机构　10
表 2—1　北京市 1952—1956 年末人口数　38
表 2—2　1953 年和 1956 年北京市人口结构　39
表 2—3　1952—1957 年北京城市在业人口变动情况　41
表 2—4　北京市全市基本建设房屋竣工面积　59
表 2—5　北京市建筑企业基本情况　62
表 2—6　北京市国民经济各行业职工人数　63
表 2—7　北京市公私合营及私营工业户数增长情况　64
表 3—1　西城区商业系统劳动力情况（按行业性质划分）　104
表 3—2　西城区商业系统劳动力抽换情况　105
表 3—3　1958—1964 年从富余职工中调动人数统计表　112
表 3—4　1958—1963 年支援蒙古人民共和国生产建设抽调工人统计表　115
表 3—5　1956 年 10 所技工学校在校学生人数　121
表 5—1　国民经济各行业职工人数（按所有制形式分）　173
表 5—2　我国三大城市粮食定量水平表　188

第一章

新中国成立初期（1949—1952）

新中国成立后的最初3年，即1949年至1952年，是国民经济恢复时期。这一时期国家的中心任务是完成民主革命的任务和恢复国民经济，改变解放前经济凋敝、通货膨胀、民不聊生的悲惨局面，为进行大规模的经济建设创造条件。北京市把“恢复改造与发展生产”定为中心任务。1949年4月16日，中共北平市委发出《关于北平市目前中心工作的决定》，指出“恢复改造与发展生产乃是北平党政军民目前的中心任务，其他一切工作都应该围绕着这一中心任务来进行，并服务于这一任务”。①

国民经济恢复时期国家的主要任务是解决战争遗留下来的失业问题。新中国成立后，碰到的头一个问题，就是旧中国遗留下来的大批失业人员。这些失业、无业人员迫切要求就业，寻找生活出路。面对沉重的失业压力，政府必须首先开展失业救济工作，有步骤地介绍和安置失业、无业人员，以便随着国民经济的恢复和有计划经济建设的开展，需要有组织、有计划地保证国民经济各部门、各地区、各企业所需要的劳动力，这样就产生了劳动力的招收和调配工作。这一时期政府实施的就业政策，一方面具有临时性和过渡性的特点；另一方面也是传统就业制度的雏形，一些重要的就业制度都可以在这一时期找到原形。政府在治理失业问题上制定了一系列的政策和规定，开始建立起政府劳动力统一介绍和招收制度，加速了治理失业的进程，也为后来城市就业计划管理制度的建立奠定了基础。

一、新中国成立初期北京市的失业压力

新中国成立初期，按照中国共产党的新民主主义经济建设方针，北京市

① 《当代中国的北京》编辑部编：《当代北京大事记（1949—2003年）》，当代中国出版社，2003年，第9—10页。

经济结构经历了重大转型。伴随着转型所带来的社会冲击力，加上旧社会遗留下来的众多失业人员，北京市面临着沉重的失业压力。

（一）新中国成立前夕北京的概貌

1949年10月1日，中华人民共和国成立，定都北京。北京开始了历史发展的新纪元，从半殖民地半封建的古城变为新中国的首都。北京市的面积，解放初期是707平方公里，全市总人口208万人，其中城市人口165万人，农业人口38万人，流动人口5万人。[①]

到1949年1月，由于近百年的苦难，北京已经成了一个破落衰败、畸形发展的城市，经济十分落后、人民生活贫困、社会腐败黑暗，是一个凋敝破败的烂摊子，成为半封建半殖民地的旧中国的缩影。

生产落后，经济发展畸形。北京地区早在19世纪七八十年代就已经产生了具有资本主义性质的近代工业，但发展极为缓慢，到1949年北京和平解放时，北京市还是一座消费型的城市。全市工业经营户虽有2.1万户，但其中较具规模的近代工业仅有百十户，绝大多数是手工业作坊；商业、饮食、服务、修理业有7.2万余户，绝大多数是小型店铺和个体经营的摊贩。

社会腐朽，贫富悬殊。少数富豪、权贵住着大四合院、花园别墅，攫取大量社会财富，贫苦居民却挤在破旧、肮脏的大小杂院里，靠拉人力车、做小买卖、捡破烂儿为生。由于通货膨胀，市民生活难以为继。加上特务、地痞、流氓到处横行，苛捐杂税名目繁多，许多市民“过了今年不知明年”。寒冬腊月，每天总有人在街头冻饿而死。

市政建设破旧匮乏，设施百孔千疮，人民生活环境很差。城区居民喝水主要靠辘轳井，只有30%的居民能喝上自来水；做饭、取暖全靠煤球炉子；

① 北京市计划委员会长期计划处：“北京市第一个五年计划人口资料的说明”，1957年10月，北京市档案馆馆藏档案，案卷号133-012-023。

城区很多平民和郊区绝大多数农民照明用昏暗的煤油灯，电灯还未普及；全城道路狭窄，交通工具主要靠人力车。1949 年解放时，北京只有 61 辆公共汽车和 103 辆有轨电车，人力车工人却有 2 万多人。下水道大多是明、清两代“遗物”，多已坍塌堵塞。长达 221 公里的下水道，畅通的只有 22 公里，每到雨季，污水横流，全城有臭水沟 100 多条，积水区 1000 多处。

中华人民共和国成立后，北京就是在上述基础上开始了前所未有的、艰难的各项建设事业。

（二）新中国成立后北京严重的失业压力

中华人民共和国成立以前，中国的失业现象相当严重。中华人民共和国成立前夕，城市失业人员已达 470 万人，相当于 1949 年底在业职工人数的一半；破产的农民有几千万人。失业产生的主要原因是连年战争的侵扰和恶性通货膨胀，社会经济处于不正常的状态，造成了常态性的失业群。“特别是日寇投降后，国民党统治的 3 年间，工商凋敝。不仅被国民党‘劫收’的工业多数陷于破烂不堪，私营工厂亦有四分之一陷于停工和半停工状态。私营商业也受到很大的摧残。这样，更增加了失业工人的数量。”①

中华人民共和国成立以前的北京，是一个工农业经济落后、工商业凋敝、商品经济不发达的畸形高消费城市。从当时北京市的产业结构和就业结构来看，1949 年，全市农业劳动者数量占社会劳动者总数的 71.7%。从事工业生产的人数很少，据 1947 年统计数据，工业工人（包括手工业工人），仅占总人口的 7.8%。② 在 1 万余家工业户中，绝大多数是手工作坊，资本主义民族工业很少，工业职工占全市职工总数的三分之一左右；在 3 万余家商业户中，

① “北京市协商委员会关于失业工人和失业知识分子救济工作的报告”，1950 年 8 月，北京市档案馆编：《国民经济恢复时期的北京》，北京出版社，1995 年，第 671 页。

② 范瑾、张大中、徐惟诚主编：《当代中国的北京（上）》，中国社会科学出版社，1989 年，第 23 页。

绝大多数是遍布全市的小型零售、服务行业。按新的产业类型划分，属于第一产业的占大多数，其次为第三产业和第二产业，但没有精确的数据。畸形的城市经济，造成大批工人和公教人员失业。一般职员、教师经常面临失业的威胁。1949 年初，北京全市失业人数约 27 万人，[①] 此外还有相当数量的半失业人员，如三轮车夫 3 万人，在当时很难拉上顾客。门头沟地区私营小煤窑雇用临时工人 1 万人左右，雨季经常不能下窑工作，连维持生活都非常困难。[②]

北京解放初期，从 1949 年到 1952 年，北京市的失业人口有的是历史遗留的，有的是新产生的，北京解放前失业人数占解放后初期失业人口总数的绝大多数。具体可以分为两个阶段来看，第一阶段是从 1949 年 1 月 31 日北京市解放到 1951 年底“三反”“五反”运动开展之前，第二阶段是 1952 年。在这两个阶段中，北京相应出现了两次失业高峰。

第一次失业高峰是 1950 年初，当时登记失业人数高达 54162 人，[③] 如果加上未登记的失业者，失业人数更多。其主要原因在于：北京解放前的历史遗留失业人口以及社会政治、经济结构剧烈改组后产生了一批新的失业人口，失业问题更显突出。同时，很多工商业者采取抽资变卖成黄金的办法，放弃经营，导致大量工人失业。[④] 对处于极度贫困状态的广大市民来说，失业即意味着断粮断炊。由失业造成生活无着落而自杀的现象时有发生，也出现了诸如殴打政府干部等发泄不满情绪的突发事件。虽然政府采取了一系列缓解措施，但失业压力并未根本解决。

在第一阶段中，北京市的失业人口主要由以下几部分人员组成。

---

① 范瑾、张大中、徐惟诚主编：《当代中国的北京（下）》，中国社会科学出版社，1989 年，第 418 页。

② 北京地方志编纂委员会编：《北京地方志·综合经济管理卷·劳动志》，北京出版社，1999 年，第 25 页。

③ 中共北京市委研究室：“关于失业工人和失业知识分子救济工作的报告”，1950 年 7 月 24 日，北京市档案馆馆藏档案，案卷号 001－009－132。

④ 全市工商业抽资弃营的情况详见中共北京市委研究室私营工商组：“目前劳资纠纷情况”，1950 年，北京市档案馆馆藏档案，案卷号 001－009－129。

一是三轮车、建筑、搬运工人。其主要原因是北京城市公交和电车汽车数量的增加和发展，约有 3 万名三轮车工人，陷入生意萧条、生活困难的境地。因为收入锐减，生活极其困难，三轮车工人连续发生自杀、无钱看病致死的现象，甚至发生砸电车汽车的行为。[①] 这些问题引起了党和政府的高度重视。

二是无业的城市贫民。由于没有就业机会，众多市民只能以卖菜、做小工、摆摊糊口，但仍是入不敷出，生活困难。由于北京是华北地区最后获得解放的大城市，难民相对集中。北京解放之后，市委市政府责成市公安局对全市人口进行了户口查对，得出全市共有 2004807 人的统计数字。令人难以想象的是，在当时这 200 万人口中，无业人口高达 40 万～50 万人，占到五分之一以上。而这部分人成分复杂，既有城市贫民、乞丐、小偷、下层妓女，也有逃亡地主、国民党的散兵游勇。贫民中不少人家中没有一人就业，生活状况极为凄惨，有的城市贫民甚至居无定所，沦为乞丐，进入收容所。城市贫民出现了因为贫苦而自杀的现象。“半年来因贫困自杀的仍不断发生，自 2 月至 6 月 27 日因生活困难自杀的 97 人，死 41 人，因疾病自杀的 67 人，死 32 人，合计自杀 164 人，死 73 人，这个问题也应适当解决。”[②]

三是生意不好的摊贩和过去敌伪机关的职员。北京解放初期，工商局估计全市约有 5 万户摊贩。摊贩分布在主要干路如宣武门、崇文门、西单、东单等闹市，占据人行步道及马路边。摊贩中一部分是逃亡地主与逃亡工商户，一部分是失业者、低级公务员及工人薪金不够生活的人。[③]

四是 1949 年河北省发生水灾，数百万人无以为生，其中有部分灾民携眷逃入北京。

---

① 北京市总工会筹委会：“关于北京市公共电车汽车突增后引起三轮洋车所发生的几个严重问题及我们的处理意见”，1950 年 12 月 30 日，北京市档案馆馆藏档案，案卷号 002－002－048。

② 北京市人民政府劳动局：“北京市失业工人、知识分子、旧军官调查情况及处理意见的报告”，1952 年 7 月 7 日，北京市档案馆馆藏档案，案卷号 004－012－027。

③ “中共北平市委关于整顿市容问题的意见”，1949 年 5 月，北京市档案馆编：《解放北平（下）》，中国档案出版社，2009 年，第 730 页。

除上述原因之外，常住人口的增长速度过快，也是造成失业人口增多的重要原因。以上几类人员的聚合，加上旧社会遗留下来的失业人口，就构成了北京市的失业人口。

第二次失业高峰出现在 1952 年 10 月前后，登记失业总人数为 21940 人，[①] 其主要原因是“五反”运动对私营工商业的冲击。失业人员主要集中在冶金、化学、机械、建材、食品、纺织、批发零售等行业（图 1 – 1）。1951 年 12 月底，北京市根据中共中央的指示和统一部署，在党政机关、企业内部开展了“三反”运动，1952 年 1 月下旬，在工商界又开展了“五反”运动。在广大群众支持和配合下，全市检查出有违法行为的私营工商业共计 48006 户，占全市私营工商业总户数的 91%。通过“三反”“五反”运动，一方面，抵制了资产阶级的腐蚀，打退了违法资本家的进攻，巩固了人民政权和国营经济的领导地位，也巩固了工人阶级同民族资产阶级的联盟。另一方面，在“三反”“五反”运动中，由于加工生产停顿，私营企业营业不振，商业交易往来减少，有的停伙停薪、解雇职工，一些建筑工程也未能如期开工，造成大量失业。

结合图 1 –1 可以看出，在新中国成立初期的头三年，北京市面临着严峻的就业形势。严重的失业问题使得社会上存在着诸多不稳定因素。巨大的失业压力及其带来的社会效应，促使政府将扩大就业作为优先考虑的政策指向。“解决人民群众最关心的失业问题是当前我们最紧迫的任务，因为这关系到我们党的形象。如果解决不了失业，那我们岂不和国民党反动政府一样……劳动部门当前最重要的工作就是千方百计扩大就业，劳动政策应该为就业服务。”[②] 这种政策取向直接促成就业制度的变革。

① 北京市财经委员会：“北京市失业工人情况及一九五二年一月份至十月份劳资关系的变化情况”，1952 年 11 月 24 日，北京市档案馆馆藏档案，案卷号 004 –012 –030。

② 北京市财经委员会：“调整劳资关系工作及私营企业劳动争议情况报告”，1952 年 11 月 30 日，北京市档案馆馆藏档案，案卷号 004 –012 –030。

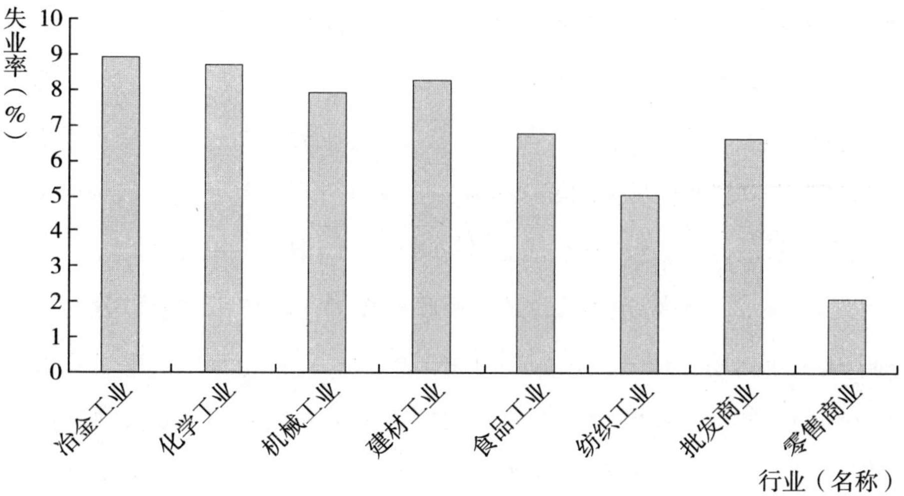

图 1－1　北京市 1952 年各主要行业失业率（%）

资料来源：北京市劳动就业委员会："劳动就业和转训工作报告"，1952 年 11 月 18 日，北京市档案馆馆藏档案，案卷号 002－004－076。

二、失业救济工作的开展

就业制度的变革缘于失业救济工作的开展。出于安定民生、维护社会秩序和巩固新政权的需要，和平解放不久的北京市就开始解决失业问题。市政府多次将失业救济列入政府工作计划，并制定了相关救济细则。失业救济主要包括以下两个方面：一是失业清理、登记，目的在于掌握失业人员的数量和情况，以便于开展失业救济和安置就业工作。北京市的失业清理和登记工作，至 1958 年上半年每年都进行。1958 年下半年，在停止登记 3 年多后，1962 年又恢复了失业登记。二是对失业人员进行救济，采取生产自救、以工代赈或发放救济金等办法进行。1950 年开始对失业人员进行救济，由劳动部门与有关部门配合进行。

（一）失业救济机构的设立

为全面了解失业人员的规模和各种情况，以便有计划、有步骤地进行就业安置，政府着手设立负责劳动就业的专门机构。除主管机构劳动局外，1950 年 6 月，北京市成立了专门的失业救济领导机构——失业工人救济委员会。同年，市内各区也相应建立了失业工人救济委员会和劳动介绍所。1952 年 8 月 17 日，按照政务院劳动就业委员会的要求，北京市又成立了劳动就业委员会，统一对全市失业人员进行登记和管理，各区劳动就业分会于同月底先后成立。

北京市失业工人救济委员会是在市政府领导下，由市财委、劳动局、民政局、工业局、商业局、建设局、卫生工程局、市合作总社、市总工会、市妇联、市青年团、工商联合会等多部门相关负责人组成的。张友渔副市长担任主任委员，冯光斗担任副主任委员。该委员会下设失业工人救济处，为直接执行救济工作的机构。救济处下设五个科室：一是办公室，办理有关救济的一切日常行政事务；二是组教科，由市总工会、民政局、市妇联、市青年团等单位协助办理失业工人登记统计等，组织失业工人还乡转业，协助劳动局劳力调配科介绍工作，以及组织和领导以工代赈，并办理失业工人宣教及转业训练；三是工赈科，由建设局、卫生工程局负责，办理以工代赈，筹办各项工程；四是救济科，由劳动局负责，办理救济金的审核、发放；五是生产科，由市合作总社负责，工业局、商业局协助办理生产自救、举办手工业作坊、农场生产，研究并审查每个生产事业的计划，以及对各种生产事业的检查督导。委员会囊括了与失业救济相关的部门，组织系统完备（图 1 –2），在其统筹协调下，相关部门分别承担工作并有组织分工，使政府处于失业救济的主导地位，有利于充分发挥政府的统筹和调控作用，从而使各项救济措施得以良性运行，发挥了失业救济的最大效能。

1952 年 3 月 10 日，为救济“三反”“五反”运动期间的失业工人，市政府成立了临时救济办公室。各区也先后成立了区临时救济办公室。

（二）失业清理和登记

失业清理和登记是北京市开展失业救济的一项重要内容，在具体实践中，

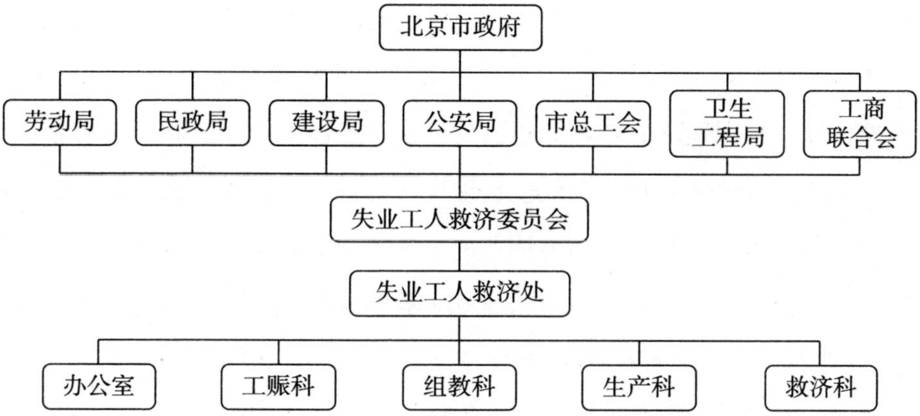

图 1－2　北京市失业工人治理组织管理机构

资料来源：北京市人民政府调查研究室：关于失业工人救济工作和失业工人救济方案的报告，1950 年 6 月，北京市档案馆馆藏档案，案卷号 010－006－023。

形成了一套有效的做法，取得了良好的效果。

为加强对失业人员的登记和管理，北京市以派出所管界为单位办理登记。1950 年开始，负责登记的是各区工商劳动科，由市劳动局劳动力介绍科负责综合统计。1952 年 8 月以后，随着各区劳动就业分会的成立，各街道办事处成立了劳动力调配站，由调配站负责登记管理，登记数字由各区综合统计再上报到市劳动局。

政府制定了严格的登记手续和登记条件。1950 年开始办理失业和无业人员的求职登记，直到 1957 年，基本上每年都进行一次登记。在登记前，由市劳动局发布通告或登报，规定登记的范围、条件、手续、地点并公布于众。登记的手续为：由本人填写登记表，交验毕业证书或原工作机关证明，如提不出，须有在职员工两人或各级政府、工会出具证明，才允许登记。如发现虚报伪造情况，则取消其登记。登记以后若有就业机会，由劳动部门介绍就业。如介绍适合的工作，本人无故拒绝，则不再介绍。登记工作在街道办事处办理。凡是未升学或退学的青年，退职、离职、除名、被开除的职工，刑满释放人员以及无业人员，均可持户口簿及有关证件到所在区的街道办事处办理登记。“凡原在公私工商企业、交通、运输企业、手工业作坊及机关、团体中从事体力或脑力劳动的工人、职员以及无固定雇主的建筑工人、搬运工人；失业后尚无固定职业者；季节性工人其行业已经衰落无法找到工作者；具有初中以上文化程度的知识分子而失业者；已停工歇业的独立生产者；行商摊贩、资方代理人及小工商业主，现确无其他收入，生活困难，要求就业从事雇佣劳动者；以及现在尚无职业的旧军官、旧官吏，生活困难，要求就业者；均一律进行登记。”① 北京市还规定，要求登记失业人员的年龄限制在男16岁至60岁，女18岁至40岁内。②

在开始登记工作以前，先由市劳动就业委员会于1950年8月下旬，组织各区干部181人学习了有关就业的方针、政策和具体办法；印制了登记细则、学习材料和宣传材料；作了一些失业情况调查。1950年9月初进入登记阶段。

为了汲取经验，为全面开展登记工作奠定基础，1950年9月5日至9日，各区分别在13个派出所的管界进行了典型登记。通过典型登记，切实估计失业人员的数量，掌握失业人员的思想状况，探索出有效的工作步骤和工作方法。在典型登记的基础上，同年9月16日，城区登记工作全面展开，郊区于9月20日相继开始。到9月22日后，申请登记人数少，登记高潮已过。10月17日，各区统计、总结完成，大部分区还进行了复查。过去登记的失业与求职人员换证工作也基本上告一段落。截至1952年10月，失业人员登记人数为21940人（见附录一），加上换证人数10902人（见附录二），共有失业人员32842人，其中失业工人职员22441人，知识分子3432人，旧军官、旧官吏2137人，小工商业主等2612人，其他身份者2220人。求职登记者6612人，加上换证人数4312人，共有求职人员10924人。失业和求职者合计43766人。③

---

① 中国社会科学院、中央档案馆编：《1949—1952中华人民共和国经济档案资料选编·劳动工资和职工福利卷》，中国社会科学出版社，1994年，第180页。

② 北京市劳动就业委员会：“失业人员统一登记工作细则”，1952年9月26日，北京市档案馆馆藏档案，案卷号002-004-076。

③ 北京市劳动就业委员会办公室：“北京市劳动就业统一登记工作总结”，1952年11月5日，北京市档案馆馆藏档案，案卷号004-012-027。

登记工作以每一个派出所管界为单位建立登记工作组进行。为避免拥挤，大部分区又在每一个派出所管界内，分片分段逐日登记。就业登记同时办理求职登记。到1952年10月初，撤销各派出所管界工作组，零星登记由区就业分会集中办理。同时，进行了审查、分类、发证和复查。复查时，大部分区都召开了群众大会、座谈会，有重点地进行了家庭访问。复查后，又补登记了一些人。

宣传工作是做好就业登记与就业安置的前提条件。1952年7月，政务院发布了《关于劳动就业问题的决定》，对失业工人、知识分子、旧军官、旧官吏等群体的救济工作，以及统一调配劳动力，逐步做到消灭失业等问题作出了指示。各界人民，特别是失业人员，莫不欢欣鼓舞、热烈拥护，但有些人也存在认知模糊的情况，有的要求就业过于急躁，如家庭妇女王立清看到报纸，马上给孩子找了保姆，准备“上班”；旧官吏王安平马上剃了胡子，准备就业。有的失业人员说：“登记了，政府办过大训练班，不到两个月，全就业了。”有的失业人员登记后埋怨说：“我以为你们早把工作找好了让我们登记，谁知登记了还没工作。”有些失业工人和摊贩要求转业，摊贩何小锁把户口簿上职业栏贴上纸条要求登记。郊区农民有的不愿种地，也要求登记。少数资本家怂恿工人登记，想借此解雇工人。甚至有人乘机造谣说坏话，说“劳动就业只是为国家增加体面，不解决问题”等①。

针对失业人员的这些思想情况，1952年底，北京市着重作了广泛而深入的宣传工作。各区动员了大批力量，采用各种方式，进行了大力宣传。各区共举行群众大会、片会、座谈会共计4583次，参加会议群众达463658人，占全市居民2231709人（机关及工地人口未计在内）的21%，平均每户达1人（全市共484063户）。另外，家庭访问35279户，出大字报、黑板报2688期

① 北京市劳动就业委员会办公室：“北京市劳动就业统一登记工作总结”，1952年11月5日，北京市档案馆馆藏档案，案卷号004－012－027。

次。参加宣传工作的干部和积极分子达16833人，其中市、区干部256人，派出所干部632人，积极分子15945人。[①] 除此之外，市里还组织了电台广播与报纸进行宣传报道，各区妇联及工会也做了很多宣传工作，使全市符合登记条件的失业人员能够顺利登记，不符合登记条件的也不至于失望或不满了。

到1952年底，全市共登记失业、求职人员67389人，其中失业人员48542人、求职人员18847人。

在做好登记工作的同时，北京市还注意对就业登记的及时清理。已登记的人员，因介绍就业、自行就业、迁移、还乡以及本人情况有变化等原因，变化很大，需要及时进行清理。到1957年，共进行5次大清理。每次清理都发现其中有一部分人已经就业或因迁移、还乡、升学等原因需要注销登记，如1956年10月至11月对全市已登记的36640人进行了清理，注销了12026人，占32.8%，其他几次清理，注销的都在15%至28%之间[②]。

通过就业登记，政府基本上掌握了本市失业情况及失业人员的就业条件情况，为解决大规模生产建设开始时的劳动力供应问题提供了有利条件。同时，也使全市各界人民，特别是失业人员，普遍受到一次爱国主义教育。这些失业人员通过政府提出逐步解决劳动就业问题这一事实，深刻地认识到人民民主制度的优越性，认识到祖国的伟大与可爱，衷心感激人民政府对他们的照顾与关怀。失业人员和普通劳动人民在劳动就业宣传中明确了自己的努力方向，充分认识到就业须有一定的条件，因此积极要求学习文化知识和技能。许多人积极参加街道工作，街道里涌现出大批新的积极分子，如西单区失业人员，在国庆节自动参加夜间巡视保卫工作。

---

① “中共北京市委关于劳动就业登记工作向中央、华北局的报告”，1952年12月4日，北京市档案馆、中共北京市委党史研究室编：《北京市重要文献选编（1952年）》，中国档案出版社，2001年，第687页。

② 北京地方志编纂委员会编：《北京地方志·综合经济管理卷·劳动志》，北京出版社，1999年，第21页。

（三）失业救济方针的确立

1950年6月17日，中共中央发出《关于救济失业工人的指示》，明确提出，救济失业工人和知识分子，有步骤地帮助失业者就业，是当前的一项主要任务。同日，政务院颁布了《救济失业工人暂行办法》。1950年10月，中共中央根据实际救济工作中存在的问题和经验，又发出《关于救济失业工人问题的总结及指示》，政务院也提出《关于处理失业知识分子的补充指示》，进一步完善了救济和安置失业人员的具体政策和措施。同年8月，北京市人民政府和协商委员会制定了具体的失业工人和失业知识分子救济方案，进一步完善了救济和安置失业人员的具体政策和措施。

事实上，北京市的失业救济工作开展得更早。1949年11月12日，北京市第二届第一次各界人民代表会议通过《关于救济失业员工问题的决议》，针对当时若干公营工厂和私营工厂、作坊要求解雇一部分员工，而员工方面则要求保障其生活的现象，为使各工厂、作坊获得合理的改善经营、发展生产的条件，并适当保证工人生活，市人民政府制定以下措施：（1）公私工厂、作坊为合理地改善经营解雇员工，在解雇一年内须每月向政府缴纳其所解雇工人原薪的30%，作为失业工人救济金。（2）被解雇的工人，由政府按月发给原薪五成至七成的救济金。（3）领取救济金的工人有工作机会时，由劳动局介绍或自行就业。就业后即停领救济金，并须分期缴还原领救济金总额的十分之一，作为失业救济金。（4）向工厂、作坊工人按月征收其薪金的1%，向厂方征收工资总额的1%，作为失业救济基金。（5）领取救济金的工人，政府可以组织其参加半义务性质的公共工程，并在自愿原则下组织其学习。《关于救济失业员工问题的决议》试行后，效果良好，劳资双方都很满意。会后制定了《救济失业员工决定试行细则》，对救济基金的征集、救济基金缴纳手续及保管方法、领取救济金的规定及手续、劳力的调配、失业员工的训练教育作出了明确的规定。该制度于1950年2月在报纸上公布，由此指导失业救济工作。

以此为指导，北京市坚持“以工代赈为主，而以生产自救、转业训练、还乡生产、发给救济金等为补充办法”的失业救济方针。在具体的实施过程中，根据救济工作进展情况作了一些调整，具体表现：1950 年初，以移民为主要方式；1951 年之前，重点解决失业人员的生活困难，以以工代赈为主要方式；1951 年之后，以转业训练为主要方式；考虑到冬季寒冷，工赈范围会逐渐缩小，以直接发放救济金方式进行救济。

（四）失业救济的主要措施

北京市的失业救济工作分别采取转业训练、移民、资助还乡生产、生产自救、以工代赈和发放救济金等形式。

1. 转业训练

转业训练是指对失业工人进行技术训练，以提高其就业能力。转业训练是北京市解决失业问题的最主要措施，“积极组织失业人员转业训练，提高就业条件，是今后处理工作的中心环节”。[①] 这是由失业人员中大部分属于结构性失业的特点决定的。一是失业人员中没有技术的占大部分。二是文化水平低。1952 年底，失业人员 29376 人中，文盲和小学文化的有 20158 人，求职登记人员 9666 人中，文盲及小学文化的有 6789 人，均占总数三分之二以上。小学以下文化的共 26947 人，其中又以初小以下的为最多。[②] 三是失业人员中，旧军官、旧官吏和小工商业、知识分子虽具有一定文化程度，但大部分人员政治历史情况复杂或思想觉悟很差，介绍就业比较困难。

北京市转业训练，结合生产需要，采用多种方式：一般先训练年轻的、

① 北京市劳动就业委员会办公室：“北京市劳动就业统一登记工作总结”，1952 年 11 月 5 日，北京市档案馆馆藏档案，案卷号 004－012－027。

② 北京市劳动就业委员会办公室：“北京市失业工人、知识分子、旧军官调查情况及处理意见的报告”，1952 年 7 月 7 日，北京市档案馆馆藏档案，案卷号 004－012－027。

有一定文化的以及生活困难的失业工人，后训练就业条件差的失业工人。训练的内容分为文化、政治与技术三种，各区以组织速成识字文化学习为主。可整天学习，也可半天或每周定期学习。失业与求职人员中，25 岁以下青年约 10000 人，文化水平几乎全在小学以下，他们是组织文化学习的主要对象。政治训练由市集中办理，以摸清个人历史情况为主，分短期、长期两种。历史较为简单的可参加短期政治训练，历史复杂的（主要是旧军官、旧官吏和一部分知识分子）可参加长期政治训练（3 个月以上）。技术训练，分合作训练和委托训练两种。合作训练即与需工部门合办，委托训练又分委托需工部门训练与需工部门委托训练两种。1952 年，各区有 1500 人至 1700 人进行了文化训练，集中到市里学习政治的有 500 人至 600 人。①

2. 移民

为了减少城市失业人口，有效地安置就业，国家制定了一系列移民的方针和政策。北京市积极引导失业人员移民到东北、西北等祖国需要的地方去。在具体的实践过程中，北京市针对失业人员的“恋市情结”进行了各种形式的思想宣传和动员，并对还乡生产或移民的失业工人予以经济或生活上的关照。新中国成立初期的移民工作从 1949 年 10 月开始，至 1950 年秋季结束，历时 11 个月。

1949 年 8 月 9 日，北京市召开各界代表会议，提出了适当疏散城市无业人口的方针。会议指出：“各机关、各部门应规定切实的精简节约办法，动员城市过剩的劳动力和知识分子到乡村去，减少城市失业人口，并协助发展乡村的生产和文化建设。”华北人民政府于 1949 年 10 月 28 日颁布《北京市疏散人口办法》《北京市移民察北办法》，要求“在执行移民工作中，应特别慎重，要有很周密的组织工作，并注意总结经验”。北京市对有劳动能力、生活

① “中共北京市委关于劳动就业登记工作向中央、华北局的报告”，1952 年 12 月 4 日，《国民经济恢复时期的北京》，北京出版社，第 685 页。

困难的工人和城市贫民等开展了向东北、察哈尔、绥远等地的移民工作，主要从事工农畜牧业生产。

为了推动全市移民工作的进行，1949 年 10 月 9 日，市介绍就业生产指挥部成立，作为移民的专门组织机构，负责移民相关事务。介绍就业生产指挥部是在北京市委领导下，由市民政局、市劳动局、市公安局、市总工会分别抽出干部组成。各区建立分指挥部，市指挥部派干部成立 4 个工作组赴各区协助工作、进行联络，开始办理失业人口登记和介绍工作。

1949 年 10 月 19 日至 28 日，作为移民试点，北京市向察哈尔北先后送走 4 批移民，实施移民 5894 人。1950 年春季，移民的动员主要对象仍然是三轮车工人。这是因为随着北京市内电车、汽车等交通的逐渐发展和增加，三轮车工人的失业是主要问题。为了解决他们的生活、就业和转业问题，当时制定的政策是有家属的去西北地区，单身的去东北地区，而对一般贫苦市民稍缓发动。考虑到当时三轮车工人要求转业移民的有 4000 余户，约 1.2 万人。一些贫苦市民也纷纷要求赴察绥从事农业生产，向区公所、派出所陆续登记者约 3000 人。北京市提出了 1950 年要移民 1.5 万人的目标，其中赴绥远 5000 人，察哈尔 1 万人。① 但在具体实施过程中，遇到了一些困难。如到了 1950 年春季，随着天气变暖，三轮车的生意有所好转，三轮车工人能够维持全家的最低生活水平。再加上市政工程开始建设，对劳动力的需求增加。一些已经申请移民的工人思想发生了变化，不再愿意到外地，造成移民工作的困难局面，无法完成移民 1.5 万人的任务。

至 1950 年底，北京市共向察绥移民两次，共 1902 户合计 7514 人，去东北的矿工 351 人。从移民的成分来看，三轮车工人占多数，为 57%，其次为农民、小贩、失业知识分子，以及少数伪军、警察和已登记的反动党团员。②

---

① “关于移民救济工作的报告”，1950 年 1 月 1 日，北京市档案馆馆藏档案，案卷号 041－001－00011。

② 王承旭：《1949 至 1950 年北京市的移民工作》，《北京党史》2005 年第 5 期。

城市移民政策的实施对有效地控制、减少和安置城市失业人口无疑是一种行之有效的办法，对当时北京的经济和生产迅速恢复与发展起了一定的作用，对于减少首都人口，保证人民的物质生活需求，巩固人民民主政权，开发边远地区，都有着重要意义。

3. 资助还乡生产

资助还乡生产是指动员和资助在农村有家的失业工人回乡，从事农业生产劳动，以减轻城市的就业压力。动员失业人员还乡生产是北京市解决失业问题的又一有效措施。北京市首先注意做好思想宣传工作，针对一部分很留恋城市生活，不愿回乡生产的失业人员，尤其注重打通其家属的思想，在自愿的原则下，动员他们还乡。其次，给还乡生产的人员，发本人及其随行家属路费、途中食宿和一定数目的救济金，其标准是：失业人员本人 50 市斤至 100 市斤小米，其直系家属每人 30 市斤至 50 市斤小米。还发给了证明文件，使他们在还乡之后，能够取得当地人民政府的就业安置。

另外有一些从外地还乡回北京的人员，这部分人员实际在北京已无家，生活没有着落。对这些人要给予生活救济并帮助解决住房，为此北京市政府向政务院写报告，要求通知外省、市对这些人就地安置，不要遣回北京。政务院批准了北京市政府的要求，并随即通知各省市按此办理。

失业人员还乡后，得到了当地人民政府的妥善安置，分到了土地、房屋和农具。据不完全统计，从 1950 年 7 月到 1951 年 10 月底，全国共有 118699 人返回农村，其中北京市 1952 年内有 4000 余人返回农村。[①] 北京市对这一政策的执行在 1953 年随着一批建设项目的开建而停止了，主要是因为此时劳动力供给出现了短缺，后来又不得不从河北等地调入一批劳动力。

4. 生产自救

生产自救是指根据自愿和民主管理的原则，组织失业工人参加生产经营

---

① 北京市劳动就业委员会：“一九五二年工赈与救济工作总结”，1952 年 11 月 18 日，北京市档案馆馆藏档案，案卷号 002－004－076。

活动以维持生活。其具体做法是政府采用组织加工工厂、合作社、生产小组、作坊等方式，组织失业工人参加生产合作社或生产小组，并给予经营方向、资金、技术、原料和产品推销的指导和帮助。

1950 年 3 月，北京市政府开始组织失业人员生产自救，对有一定劳动能力且愿意参加生产自救的，由区工会或区公所介绍，失业救济委员会批准，把他们组织成各种生产小组，由手工业生产合作社领导。开始时报名的有 1000 余人，多是文化水平低、没有技术的家庭妇女。市妇女联合会组织军烈家属从事拆洗、做鞋、纺毛、织袜、缝纫等生产加工，1950 年内先后成立了 6 个缝纫工厂，吸收了一些家庭妇女，实际参加的只有 100 人左右。到 1954 年，参加生产自救的有 400 余人。1956 年各区成立劳动力介绍所以后，为给失业无业人员找生活出路，西四、宣武、崇文等区先后组织失业无业人员成立生产自救组，减轻了他们的生活困难。1957 年国务院指示冻结各单位人员编制，停止从社会上招收人员，社会上又有了一些失业、无业人员。市劳动局于当年 7 月又组织 654 人生产自救，到年底共组织了 59 个生产自救小组，共有 1534 人参加，从事的工作有技术性的加工修理、劳务性的包装、拣布毛、看守自行车等，基本上能维持生活。1961 年以后全市大量精简职工，许多已到企业劳动的职工家属被辞退。有些经中共北京市委同意，市劳动局又部署开展生产自救，由街道办事处与当地的工厂、工会共同组织职工家属生产自救。有的在工厂内有活就干，没活回家，有的以分散的形式为职工生活服务，如送牛奶、拆洗工作服等，以后这些人逐步并入服务行业或区属工业中去，生产自救工作即停止进行。

5. 以工代赈

以工代赈是指政府组织失业工人参加国家建设所急需的市政工程等，按工作量发给参加者工资。这种救济方式重点解决有劳动能力的失业工人的生活困难问题，既能解决失业工人的生活问题，又有利于市政建设。以工代赈是北京市救济失业的主要方式，政府多次强调“救济应着重以工代赈”，在救济失业工人中起着重要作用。

北京市以工代赈从1950年3月开始，组织有劳动能力的失业人员参加城市工程建设或整修的劳动，付给一定报酬。在施工前的准备阶段，每人每日补助4斤小米的生活费；开工后实行计件付酬，无法计件的每日发5斤小米，工作优良的发6斤小米，平均每人每月收入小米150斤左右。最初，采取按时计资的办法，工人普遍反映工资低，对以工代赈"情绪不高"，后来政府采用计件工资，工人很满意，工作积极性也有所提高。以工代赈由失业人员自愿参加，劳动部门把他们编成小组、中队和大队。市建设局与卫生工程局负责安排施工项目，委派工程技术人员做技术指导。参加的工程项目主要有掏挖下水道、修整护城河、清运垃圾、平垫后海和什刹海、修整胡同路面等。到1950年底，已开展大小工程23项，完成13项，参加人员4207人。到1951年5月，累计参加5671人次，完成工程32项，修整胡同路面183条。

1952年私营工商业因开展"五反"运动，解雇工人较多，一些没落行业和企业倒闭，失业人员增多，参加以工代赈的人数也随之增加，最多时达到10292人。其中宣武区陶然亭公园修竣工程，是当时以工代赈完成的一项最大的工程。陶然亭公园修竣工程历时4个月20天，用工日30余万，挖掘土方30万立方米，参加人数最多时达到17000余人，支付费用36亿元，将一个过去蚊蝇孳生的臭苇塘改造成清洁的人工湖，同时将挖的泥土堆成土山，栽植树木、花草，使陶然亭成为一个风景优美的公园。这一年参加以工代赈的共有30731人次，其中失业工人占35%，半失业工人与市民占65%。

随着参加以工代赈人数的增加，一些问题也日益凸显出来，其中最具有代表性的问题是有的地方因为对以工代赈人员没有进行严格的条件审查，致使把一些没有劳动能力的老、弱、残人员也招了进来，影响了工作的正常开展。例如，1953年在2800名以工代赈人员中，60岁以上18岁以下的人占到了10%。为此，政府进行了清理，安排这部分人回家。各项以工代赈工程在1954年初陆续完工，到4月份以工代赈人员共134人，其中122人回本区街道安置，无家可归的12人，民政部门对其进行收容。

根据市政府决定，1954年5月3日停止以工代赈。自1950年3月至1954年4月，先后共组织以工代赈44666人次，其中失业人员24716人次，占55.3%，其余为半失业临时工与贫苦市民。参加劳动日共251.6万，完成市政工程项目86项，挖掘土方85.99万立方米，修整道路100多公里，修筑闸坝7座，共长1847米，修建涵洞7个，桥梁1座。

组织失业工人以工代赈，起到了解决失业工人的生活问题，以及降低有关项目建设成本的双重作用。这对于政府来讲，不失为“一箭双雕”的好办法。据当时的统计，1950年全国范围的以工代赈总计为123854人；1951年为59639人；1952年9月底为85128人。[①] 北京市在1951年和1952年通过以工代赈安置失业人员近43000人。[②]

6. 发放救济金

发放救济金是指以直接发放救济金的形式对失业人员进行救济，当时又称“单纯救济”。为筹措失业救济基金，北京市采取政府征收救济基金和社会捐助相结合的办法。救济金具体来源于三个方面：其一，国家财政拨款。其二，征收救济基金，这是失业救济经费的主要来源。自1950年2月起，按照《北京市救济失业员工决定试行细则》的规定征收救济基金，10个人以上的公营工厂、私营工厂、作坊的行政一方或资方，按月要向政府缴纳职工工资总额的1%；职工本人也按月缴纳本人工资的1%。[③] 1950年9月起，根据政务院发布的《关于救济失业工人的指示和救济失业工人暂行办法》，扩大征收救济基金的范围，全市所有公营企业、私营企业的行政或资方和在职职工，

① 中国社会科学院、中央档案馆编：《1949—1952中华人民共和国经济档案资料选编·劳动工资和职工福利卷》，中国社会科学出版社，1994年，第171页。

② 北京市劳动就业委员会：“一九五二年工赈与救济工作总结”，1952年11月18日，北京市档案馆馆藏档案，案卷号002-004-076。

③ “北京市人民政府关于救济失业员工决定试行细则的公布令”，1950年2月15日，北京市档案馆、中共北京市委党史研究室编：《北京市重要文献选编（1950）》，中国档案出版社，2001年，第75页。

以及连续工作一个月以上的临时工，都按上述规定缴纳；医务、公教部门及市政建设单位由职工单方面缴纳。1954 年 1 月起停止对文教、医务、市政部门征收救济基金，1955 年 1 月起停止对银行系统的征收，同年 7 月起全市停止征收救济基金。1955 年 9 月，按照劳动部、内务部的联合通知，失业救济工作由劳动局移交民政局负责。其三，社会各界自愿捐助。1950 年北京市收到了 20.3 亿多元（当时发行的人民币，下同）的救济失业工人捐款①。这些钱是全市职工、战士、教员、学生、机关干部通过节约、做义工、义演、义赛和“捐献一日工资”等方式筹集的。

自 1950 年 2 月至 1954 年底，全市共收入失业救济基金 1718.7 亿元，其中政府拨款补助 115 亿元，征收 1550 亿元，其他收入 53.7 亿元（包括利息和各界捐款）。用于救济失业工人、组织还乡生产和以工代赈等共支出 473.6 亿元，用于转业训练投资 400 亿元，为安置失业人员举办农场、砂石厂投资 800 亿元，尚结余 45.1 亿元。为救济失业人员提供了经济前提。

发放救济金这种救济形式主要用于以下失业人员

第一，对失业工人中生活困难暂时没有安置工作的，一时不能就业又不能参加转业训练的失业工人、知识分子，给予救济。在冬季，单纯救济是主要的救济方式，各区对生活困难的应主动发给救济，坚决不让“一个人受冻，一个人饿肚子”。按照劳动部规定的标准发给救济金，其标准为：失业工人本人每月 45 斤小米（折合人民币发放，下同），其家属按人口计算，每 1 人增加 15 斤，每户总共最多不超过 90 斤。② 对参加转业训练班学习的失业工人，由培训单位供给食宿，不再发放救济金。对受其供养的直系家属按人口补助，有家属 1 人，补助 30 斤；2 人，补助 50 斤；3 人以上，补助 70 斤。失业工人

---

① 《当代中国的北京》编辑部编：《当代北京大事记（1949—2003 年）》，当代中国出版社，2003 年，第 24 页。

② 北京地方志编纂委员会编：《北京地方志·综合经济管理卷·劳动志》，北京出版社，1999 年，第 26 页。

如有特殊情况，可以一次领取数月救济金后自谋生活出路。①

第二，“三反”“五反”运动期间的救济，当时被称为“紧急或临时救济”。“五反”运动后，一些建筑工程不能按期开工，私营企业不振，有的停伙停薪，解雇问题相当严重。据城内10个区的初步统计，1952年5月份以来解雇职工4553人，其中食品业最多，仅6个区即达1613人；工业次之，解雇450人；轻工业（针织、服装、皮革、合线等行业）再次之，解雇191人；最后为纺织业、五金业、百货业、食品制造业。上述7个行业共解雇职工3252人，占解雇总数的30%。② 工人生活因此受到了很大影响，特别是零散工人、一部分在业职工和三轮车夫、建筑小工、小商小贩以及贫苦市民生活困难。1952年3月25日市政府在给政务院的报告中指出：“三轮车工人在‘五反’运动前每日收入一万七八千元至两万元以上，现在，每日收入最多只有一万二三千元，少则只有两三千，除了交付车租，只够维持半饱；建筑工人冬粮已尽，无工作，无饭吃，有的把棉衣、被子卖掉，等待开工；平日，依靠捡烂纸为生的贫民，由于机关反浪费，烂纸减少，不能糊口；扛夫工人也因社会上提倡节约，被排子车代替了；郊区则有一部分农民，原靠砸石子、采沙子等副业补助生活，现在因石子、沙子没有销路，生活也受影响。”③

解雇问题普遍发生的原因在于：（1）“五反”运动对私营企业起了一定程度的改组作用，工业中解雇问题最严重的是手工业小户，以铁工、纺织、针织、服装等行业为最多，这些行业小户技术落后，成本高，资金少，加上无活少活以及工资工时福利的调整所增加的负担，因此不少厂、店出现垮台、紧缩现象，如7个城区的纺织企业就有100多户关闭，商业中以食品业为最突出，如6个城区的110家饭馆将近三分之一关门歇业，多为关系国计民生

① 注：失业人员中老年病残，已丧失劳动力（包括脑力、体力）者，则转由市民政局救济。

② 北京市总工会研究室：“‘五反’后私营企业解雇工人和失业救济情况及其处理意见”，1952年7月1日，北京市档案馆馆藏档案，案卷号001－009－00244。

③ 北京市总工会研究室：“‘五反’后私营企业解雇工人和失业救济情况及其处理意见”，1952年7月1日，北京市档案馆馆藏档案，案卷号001－009－00244。

所需的大户。（2）部分资本家蓄意反攻，报复工人，特别是在劳动局重申资本家的合法权利后，他们借故解雇职工、工会干部在“五反”中的积极分子。（3）有些厂店无活，无前途或资方退资很多，工人没有干头，因而自行离厂。（4）“五反”斗争中复工的工人和临时性工人，虽然因为生产需要有岗位需求或有其他办法渡过困难，但由于“五反”后劳资间的对立情绪尚未完全消除，也被解雇。（5）工人违反劳动纪律而被解雇的也占一部分。

针对严重的解雇问题，市政府立即成立了市及各区临时救济办公室，采用发放救济金的办法，进行了紧急救济。一是对停伙停薪的私营企业用救济金以贷款形式，帮助企业暂时渡过困难。市政府指示：“主要的办法在于继续大力发动职工主动团结资方，恢复与发展生产，对于有前途而目前困难的行业，政府在加工订货、收购，贷款等方面应给以大力扶持；没有前途的行业，政府在动员他们转业的同时也要给予适当的帮助。”① 一方面使有发展前途的行业能够较快地恢复生产，稳定劳资关系；另一方面使没有前途的行业中的资金有效地转到国计民生所需的生产和经营上去，以减少解雇现象的发生。二是对被解雇的工人进行救济。规定了救济金发放标准为：全失业者每月本人4.5万元，家属1人1.5万元，总数不超过9万元；半失业者本人和家属都是每人每月1.5万元，总数也不超过9万元。到1952年3月22日，城郊各区已发出救济款10亿多元（当时的人民币，下同），解决了23558户、82507人的生活困难问题。其中，三轮车工人27606人，占总数的34.6%，建筑、搬运工人占21.5%。1952年底，共救济4.5万余人，发放救济金37.7亿余元。② 政府的救济金发放及时，登记后一个礼拜领到救济金的人占70%。大部分都能在三五天内按规定标准完成紧急救济。

---

① 市总工会研究室：“‘五反’后私营企业解雇工人和失业救济情况及其处理意见”，1952年7月1日，北京市档案馆馆藏档案，案卷号001－009－00244。

② “北京市人民政府关于‘五反’运动中临时救济工作向政务院的报告”，1952年3月25日，《北京市重要文献选编（1952年）》，中国档案出版社，2001年，第159页。

第三，“特殊救济”。“三反”“五反”运动结束后，随着就业登记工作的继续开展，救济对象由失业工人、失业知识分子扩大到了失业的小商贩、工商业主、旧军官、官吏等，救济项目增加了特殊救济、发放医药费等。如对老年知识分子、社会知名人士，以及政治上向党和政府靠拢的生活困难的高级军官，给予了优于一般救济标准的救济金。

通过上述政策和措施，至 1952 年底，北京市共救济失业人员 27410 户，95653 人（其中市民占 53%）。救济范围由初期的失业工人和失业知识分子，扩大到小工商业主、小摊贩、旧军官、旧官吏。各区均成立了救济分会，对于各类登记人员分别给予转业训练、介绍就业、引导参加以工代赈或实物救济。①

三、就业安置

在失业登记和失业救济的基础上，政府着手开展就业安置和介绍工作。这个时期，政府采取了比较灵活的就业政策，失业人员主要通过政府介绍就业与个人自行就业两种途径实现就业。

（一）政府介绍就业

1950 年 6 月，北京市对已进行就业登记的失业人员开始介绍就业。由用人单位向市劳动局申请招工，市劳动局同意后，及时下发到各区劳动科，由区劳动科在登记的失业无业人员中挑选符合条件的人向招工单位介绍，招工单位同意后，再通知被招人员与单位有关人员见面，决定录取后，由劳动科办理招工手续。

---

① 北京市劳动就业委员会：“一九五二年工赈与救济工作总结”，1952 年 11 月 18 日，北京市档案馆馆藏档案，案卷号 002－004－076。

早在1950年5月20日，中央政府劳动部就公布了《市劳动介绍所组织通则》，规定各市劳动局须设置劳动介绍所，大城市要在市区设立劳动介绍分所，以方便就业介绍工作。翌年3月，北京市和市内各区均成立了劳动介绍机构，当月即开展了技术人员和知识分子安置工作，以及协助东北国营工厂来京招聘工人工作。此后，通过政府机构介绍成功而实现就业的失业人员人数呈明显的上升趋势。以1952年为例，在介绍的48000多人中，有16500多人就业，如加上介绍考工尚无催问结果的人数，预计近20000人就业。这个数字比1951年增加了3.8倍，比1950年增加了12倍多。[①]

（二）个人自谋职业

个人自谋职业是这一时期就业的主要渠道。包括经营手工业作坊、服务修理业、行商、摊贩、蹬人力车、跑运输、走街串巷提供劳务的个体户或家庭户，也包括登门求职或通过亲友熟人介绍到用人单位工作等形式。特别是在私营企业和独立劳动者中普遍采用。由于政府安置就业的能力有限，不能满足就业需求；而私营工商业随着经济的恢复，对劳动力的需求也呈上升趋势，其“自行招聘人员的愿望很强烈”。[②]

政府介绍就业与鼓励失业者自谋职业相结合的就业制度，在1952年7月之前效果良好，数十万名失业者通过自谋出路找到了工作。“介绍就业与自行就业相结合”的方式缩小了政府统一安置就业的范围，避免了不了解情况，就随意介绍失业人员的偏差，消除了用人单位，尤其是私营工商业的顾虑，鼓励了失业人员自行就业与自谋出路的积极性。这一就业制度，当时受到了群众的欢迎，被形象地称为解决就业问题的“两扇门”方针。这对于调动各

---

① 北京市劳动局：“关于今后劳动力介绍工作的意见”，1953年8月20日，北京市档案馆馆藏档案，案卷号110－001－388。

② 北京市劳动就业委员会：“劳动就业和转训工作报告”，1952年11月18日，北京市档案馆馆藏档案，案卷号002－004－076。

方面的积极性，解决失业问题起到了积极的作用。

但在1952年下半年，这种制度发生了根本性变化。由于“五反”运动中私营工商业受到很大冲击，产业规模再次萎缩，进入1952年下半年，新的失业高峰来临。这显然与即将开展的大规模经济建设不相匹配。为此，中央政府决定从1952年9月开始，由政府劳动部门统一组织就业，要求：“（1）一切公私企业应不解雇或少解雇职工，凡因生产改革、合理地提高劳动生产率而多余出来的职工，均应采取包下来的办法，不得解雇；凡因企业经营困难而需解雇职工时，亦需报经政府劳动部门批准。（2）对城市中的失业、无业人员进行全部登记（自愿报名），并由政府对其进行就业训练，然后由国家统一调配，分期分批地解决就业问题。（3）农村中的富余劳动力，应通过发展农业生产和多种经营就地吸收消化，少数可根据工业发展需要，有计划地进入城市。（4）一切公私企业凡需招聘职工时，必须由当地政府劳动部门统一介绍，在特殊情况下，统一介绍不能满足需要时，方可经劳动部门批准后，自行招聘，但事后须向劳动部门备案。”① 此后，全国各大城市开始组织建立统一的就业制度。

四、恢复发展城市私营企业

新中国成立初期，私营工商业在全市国民经济中占据重要地位。私营工业和个体手工业的产值，占全市工业总产值的一半以上。在全市社会商品零售额中，私营商业也占有绝大部分的比重。北京市在国家“公私兼顾，劳资两利”的政策指导下，尤其重视恢复和发展城市私营经济，这除了能保证职工的正常生活外，更重要的是能够创造大量的就业岗位，对当时解决失业问

① 中国社会科学院、中央档案馆编：《1949—1952中华人民共和国经济档案资料选编·劳动工资和职工福利卷》，中国社会科学出版社，1994年，第181页。

题，缓解就业压力，具有举足轻重的作用。

为此，北京市从实际情况出发，根据“公私兼顾，劳资两利”的发展生产政策，对有利于国计民生的私营工商业采取了一系列的扶植政策，主要措施和做法有以下几个方面：

第一，妥善处理劳资争议，稳定在业人员。新中国成立后，私营企业中的劳资纠纷是一个普遍而复杂的问题。北京市处理这个问题的经验是按行业签订劳资集体合同，并在处理劳资争议和组织签订行业性劳资集体合同时，采用劳资双方协商的形式。

1949 年 5 月起，市劳动局、市总工会开始对国药、面粉、建筑等行业中的劳资关系进行调查研究，并与劳资双方共同酝酿签订行业性的劳资集体合同。签订合同的程序，首先由同业公会和工会分别组织资方和劳方各选出人数相等的代表，由市劳动局、市总工会、市工商联合会组织双方代表开协商会议，讨论达成协议后，由双方代表签订本行业的劳资集体合同。在合同中规定劳资双方的权利、义务，职工的工资、福利、劳动保护待遇等条款。

当时，全市私营国药业有 288 家，共 2500 余名职工，连续发生多次劳资纠纷。经教育后，双方认识到只有从发展生产出发，才能得到劳资两利，在此基础上双方达成了协议。1949 年 7 月 30 日，北京市国药业劳资集体合同正式签订，市劳动局当场予以批准，并在《北平解放报》上进行了公布。这是全国第一个行业性的劳资集体合同，合同共 23 条，规定了劳资双方的权利和义务，职工的工作时间、工资、福利、疾病、退休、因工伤亡、女工产假及学徒生活等方面待遇。合同之外，还统一规定了行业的行规。在职工工资方面，照顾行业习惯，采用按流水提成办法，即按企业每日的营业额收入提成。提成比例，由新中国成立前的 10%—20%，提高到 20%—30%。职工休假过去没有规定，现合同上规定每人每月有 4 天公休日。工作时间由新中国成立前的 15—16 小时，改为 11—13 小时。

国药业劳资集体合同是全国第一个行业性的劳资集体合同。它的签订起到了垂范的作用，在北京市内及其他一些省市私营工商业中产生很大影响。上海市国药业同业公会从报纸上得知后，立即来电报要合同样本，市内一些其他行业劳资双方代表也主动要求签订合同。至 1949 年底，又有建筑、织染、机制面粉、粪业及门头沟煤矿小窑业等相继签订了劳资集体合同，浴堂业还签订了临时性的行业协议。

在此基础上，市人民政府于 1950 年 2 月 15 日公布了《关于私营工商业劳资双方订立集体合同暂行办法》，其中指出：为了正确处理劳资关系，解决劳资争议，应由各行业劳资双方所组织的团体，根据平等自愿协商原则，签订集体合同，并规定了签订的步骤。1950 年初至 1951 年间，油篓、新药、西服、五金、盆窑、鞋业等行业也先后签订了集体合同。此外，还有理发、油盐粮、刺绣、茶叶、手工造纸、地毯、毛笔等行业签订了集体协议。已签订集体合同和协议的行业，有一些工厂、商店又签订了本厂、本店的劳资集体合同，送市劳动局备案。后来，国药业、织染业在第一届合同期满后，又签订了第二届合同。

在处理劳资争议和组织签订行业性劳资集体合同过程中，采用了劳资双方协商的形式。1950 年 4 月，中央劳动部向全国各地劳动部门指示：在私营工商业中，为便于劳资双方进行有关改进生产、业务与职工待遇各项问题的协商起见，在劳资双方同意的条件之下，设立劳资协商会议制度组织。劳资协商会议是劳资双方平等协商的制度，定期开会，研究解决劳资关系方面的问题，不负担企业经营管理的责任。

1950 年 5 月起，市劳动局开始在私营企业中推动按行业和企业建立劳资协商会议制度，并于 7 月 1 日发出通告，要求各行业工厂、商店成立劳资协商会议时，须将行业与厂、店名称，以及劳资双方代表姓名、人数、成立经过、例会日期等详细填报市劳动局；对协商会议所获协议事项及未决定之提案，须书面报告市劳动局，劳动局随时派员参加。市劳动局和市总工会、市工商联合会重点协助建立全行业性质的劳资协商会议，各有关产业工会和行业同业公会分别组织推选行业劳资双方同等数量的代表，组成劳资协商会议组织，定期地或不定期地开会研究本行业劳资关系方面的问题。各企业的劳资协商会议，由企业自行组织。

1950 年 3 月后，国家实行财政经济统一，紧缩财政开支，一些私营企业经营困难，不少企业停工、歇业、要求解雇工人。中共北京市委 5 月份指示，要求劳资协商，克服困难，本着“三个人的饭五个人吃”的精神，节约开支，降低待遇，维持企业生产，减少工人失业。很多工人主动找资方提出改善经营管理、节约开支的建议。北平造纸厂在劳资协商会上，劳方主动提出节省开支，工人轮流回家，只发部分生活费。华兴火柴厂技师与装箱工人主动降低 25%—30% 的工资，资方经理也自动减薪 30%。同福居饭庄、齐兴泰印刷厂职工分两批轮流回家，节省企业开支。瑞蚨祥绸布店劳方在劳资协商会上，提出工人轮流回家，减少开支，还建议资方改善经营方式，甩卖绸缎皮货，换回布货（大路货），薄利多销，加速资金周转。厚生火柴厂产品成本高，销路不好，工人努力提高生产，由日产 28 箱增至 35 箱。经纬织布厂工人努力提高质量，3 月份乙级布占 45%，4 月份减少到 20%，甲级布由 55% 提高到 80%，资方也积极经营，改善管理，接受工人合理化建议。新华橡胶厂实行劳资协商会议后，资方增加了资本。

当年在全国财政经济形势基本好转后，9 月份北京市的私营工商业经济形势也在好转，大部分工厂恢复生产，劳资协商会议及时恢复。有的企业调整了工人的工资和福利待遇，改善了伙食；有的厂、店协商改善劳动条件，缩短工时；有的还协商开展劳动竞赛，提高产品质量和数量。到 1950 年 12 月，向市劳动局备案的劳资协商会议制度的组织有 176 个，其中工厂 49 个、商店 77 个、区级组织的 28 个、行业性的 22 个。

按行业签订劳资集体合同，并通过劳资协商的形式进行，对系统地解决劳资争议，促进生产，起到了积极的作用。但没有形成固定制度，1954 年以后，劳资协商会议制度多数已流于形式。

第二，通过银行贷款，解决私营企业资金不足的问题。中国人民银行北京市分行，到1952年5月共贷款1200多亿元，扶植了9764家私营工厂、商店。交通银行、合作银行也贷款扶持私营企业。只靠国家银行贷款是不够的，为了动员社会力量，吸收社会资金发展生产，北京市还于1950年成立了公私合营的北京兴业投资股份有限公司和公私营银钱业联合放款银团。①

此外，为解决私营工商业在生产经营上的困难，政府在原料供给、产品销路、技术设备等方面进行了帮助，实行了一系列有利于私营工商业发展的政策。

在“公私兼顾，劳资两利”正确方针的指导下，私营工商业得到了良好的发展。到1951年，全市私营工业已达6369户，年产值2.8亿元，比1949年增长53.4%，是1949年的3.6倍。私营企业的职工增加了47%。② 私营工商业的发展，对于防止产生新的失业人员和重新安置一部分失业人员，都发挥了重要的作用。

综合本章的论述可知，新中国成立之初，在经济十分困难的背景下，如何有效地救济失业，一直是摆在政府面前的一个难题。北京市根据本市实际情况和中央的救济失业方针，通过一系列行之有效的政策和措施，在短期内使大部分失业者得以救济和安置，失业救济工作取得了巨大成效。

1950年，北京市的大部分失业工人得到了救济。到1952年底，北京市共救济38800名失业工人，“登记失业的工人一半以上获得职业，其他大部分通过发放失业救济金、还乡生产等措施得到救济与安置”，初步缓解了失业压力。失业救济有效地解决了北京市失业工人的生活与就业问题，消除了失业工人对政府的不满，增进了工人对新生政权的认同与接纳。

这一时期，国民经济的恢复发展与就业表现出互动关系，一方面工农业

---

① 范瑾、张大中、徐惟诚主编：《当代中国的北京（下）》，中国社会科学出版社，1989年，第75页。

② 当代北京编辑部编：《当代北京社会保障史话》，当代中国出版社，2011年，第26页。

生产和其他建设事业的发展为解决就业提供了良好的条件，另一方面失业人员的救济与安置促进了国民经济的恢复和发展。这种促进作用表现为：在救济、安置失业工人的过程中，由于把生活救济和培养就业能力结合起来，不仅壮大了职工队伍，而且经过转业训练等方式，提高了劳动力的素质，调整了劳动力的内部结构，缓解了结构性失业问题，保护和培养了经济建设的有用人才；政府大力救济、安置失业工人和知识分子，解决了他们的生活困难问题，稳定了社会秩序，同时也调动了他们的积极性和创造性，促进了劳动生产率的提高和生产的发展。

这一时期，国家为解决失业问题采取了比较灵活、正确的方针政策，事实证明，“介绍就业与自行就业相结合”的方针是有效的。北京市重视私营经济的恢复与发展，不仅促进了经济发展，也是解决失业安置的有效途径。

这一时期在解决失业问题上取得了很大成绩，但也存在一些问题，这些问题主要表现为：在安排就业方面有一定的盲目性，初步形成了统一招工、用工的城市计划就业制度。

第二章

“一五”时期（1953—1957）

在第一个五年计划期间，城市就业工作是配合工业化和生产资料的社会主义改造而开展的。为适应优先发展重工业的需要、较快实现工业化，新中国从1953年开始选择并实行了计划经济体制。计划经济体制的初步确立要求新的就业制度，劳动力由国家统一调配和对城市就业实行计划管理，为社会主义工业化提供了制度保障。为了保证国家大规模经济建设对劳动力的需求，政府对劳动力实行统一调配，形成了招工制度方面的“统包统配”政策。与此同时，政府规定企业不得裁减职工，从而形成了用工制度方面的“固定工”政策。政府又对农村劳动力采取了严格限制流动的政策，形成了城市就业和农村就业相互隔绝的制度。由此，城市就业的计划体制在这一时期确立并基本形成。

一、“一五”时期劳动力供求关系的变化

（一）人口的快速增长

1956年底北京市总人口402万人，和1952年底的258万人口相比增加了144万人，和1949年底（新中国成立初期）的208万人相比增加了194万人（其中包括市区扩大增加的40多万人）。①

几年来北京市人口增长相当快，1956年较1952年增加了144万人，其中自然增长36万人，机械增长69万人，市区扩大30万人，流动人口增加9万人。几年来城市人口之所以快速增加的原因是多方面的，下面将对主要影响

① 北京市计划委员会长期计划处：“北京市第一个五年计划人口资料的说明”，北京市档案馆馆藏档案，案卷号133－012－023。

因素进行分析，见表2－1。

表2－1　北京市1952—1956年末人口数

年度	全市总人口（人）	城市人口（人）	农业人口（人）	流动人口（人）
1952	2586462	1943039	544948	98475
1953	2870677	2245095	521113	104469
1954	3258436	2575013	528780	154643
1955	3280345	2670727	530390	79228
1956	4024647	2992279	840000	192368

数据来源：北京市计划委员会长期计划处："北京市第一个五年计划人口资料的说明"，北京市档案馆馆藏档案，案卷号133－012－023。

1. 自然增长。人口的自然增长速度是与人民生活水平状况有直接关系的。新中国成立前由于帝国主义侵略和国民党的统治，劳动人民生活困苦不堪，死亡率很大，溺婴现象非常普遍，因此新中国成立前几十年间，北京市人口自然增长率一直是负数。如1937—1948年的11年间，平均出生率为10.8%，死亡率为15.3%（1943年达21%），自然增长率为－4.5%。新中国成立后，由于生活水平的提高和卫生条件的改善，出生率迅速增长，死亡率大大降低，到1956年出生率已由1948年的13.9%上升到40.2%，死亡率由1948年的11.6%下降到7.8%。因而自然增长率由1948年的2.3%上升到32.4%。新中国成立后7年间自然增加了52万人，其中1952—1956年增加36万人①。

2. 机械增长。1953—1956年这4年来，人口机械增长有69万人，包括：来京谋职就业者17万人，职工家属31万人，其他来京上学、转业军人、投靠亲友者等21万人。人口机械增长之所以这样迅速，主要有两个方面的原因，国民经济的发展是城市人口增长的一个主要原因。各部门迅速发展，相应地需要增加人员，原有城市劳动力不足，需由外地和农村支援。如基本建

① 北京市计划委员会长期计划处："北京市第一个五年计划人口资料的说明"，1957年10月，北京市档案馆馆藏档案，案卷号133－012－023。

设职工1957年有15万多人，这些人大部分是从农村招来的。1956年较1952年相比，全市在业人口增加了37多万人，其中工业增加了6万人，基建职工增加4万人，文教、卫生事业的教职员工增加了8万多人，国家行政机关及党派团体增加了5万人，外地来的工作人员大部分还要带家属。另一个原因是几年来市区的扩建带来的人口增长，1955年将昌平全县和通县8个乡划归北京市，从而增加了29万人。

3. 关于城市人口的劳动结构问题。城市人口按劳动结构划分的工作比较复杂。1953—1956年本市劳动结构数均是由市规划委员会划分的，但在历年基本人口与服务人口的划分上有不一致的地方。例如，基本建设预约工人在本市有正式户口者，1956年以前均列入了服务人口里面，1956年则列入基本人口里面，另外属于修建性质的工程队，1956年均列入了服务人口，因此1956年基建职工较1955年相比有所减少。未调整原因主要是分细项统计资料不全，不好调整。1953年和1956年城市人口劳动结构的分析见表2－2。

表2－2　1953年和1956年北京市人口结构

	1953年		1956年	
	绝对数（万人）	比重（%）	绝对数（万人）	比重（%）
城市人口	246.7	100	309	100
基本人口	59.5	24	79	25.53
服务人口	55.1	22.3	56	18.01
被抚养人口	132.1	53.6	174	56.46

数据来源：北京市计划委员会长期计划处：“北京市第一个五年计划人口资料的说明”，1957年10月，北京市档案馆馆藏档案，案卷号133－012－023。

从表2－2中可以看出一个总体趋势，即北京市基本人口比重是增加的，而服务人口比重下降很大。其原因主要在于，1956年初进行私营工商业和手工业的社会主义改造时，部分服务业职工转入了其他行业，如有些修理业改为制造业等。

被抚养人口的增长很快，主要是由机械增长和自然增长两方面因素造成的。从人口的年龄结构来看，1—13 岁儿童和学生，1956 年较 1953 年相比增加了 40 多万人，50 岁以上老年人增加了 14 万人，14—49 岁青壮年增加了 25 万人[①]。由此可见被抚养人口的增长很快，主要是受到 1—13 岁儿童和学生增长的影响。

可以看出，北京市劳动结构各类人口占的比重不合理：北京市基本人口占 25.53% 是小了一些，但被抚养人口占 56% 以上则比重过大。

（二）劳动力资源基本情况

新中国成立初期，随着出生人数的增多和死亡率的下降，人口年龄结构逐步呈现年轻化趋势。1950 年 213 万人的北京市总人口中，14 岁以下人口比例为 31.15%，15—49 岁人口比例为 53.42%，50 岁及以上人口比例为 15.44%；1956 年的 402 万总人口中，14 岁以下人口比例为 34.87%，15—49 岁人口比例为 53.95%，50 岁及以上人口比例为 11.18%。[②] 可见，当时北京市人口的年龄结构基本上是年轻型。这种人口结构，对于促进经济建设是比较有利的。

从劳动力资源来看，世界上大多数国家把年龄在 16—60 周岁之间的人口定义为劳动年龄人口，我国一般将 16 岁以上，男性 60 岁以下、女性 55 岁以下的人口定为劳动年龄人口。若按我国标准计算，1953 年北京市劳动年龄人口总数为 1696359 人，占总人口的 61.28%。[③] 这表明，超过市总人口的一半以上的人，在当时是处于可以参加劳动的年龄阶段。1949 年北京市在业人口只有 43.3 万人，1953 年全市城市在业人口 97 万人，到 1957 年底，城市在业

① 北京市计划委员会长期计划处："北京市第一个五年计划人口资料的说明"，1957 年 10 月，北京市档案馆馆藏档案，案卷号 133－012－023。

② 根据全市常住人口数和人口密度，人口再生产类型整理，北京市统计局编：《北京四十年——社会经济统计资料》，中国统计出版社，1990 年，第 53 页、第 63 页。

③ 根据各年龄组人口数整理，北京市统计局编：《北京四十年——社会经济统计资料》，中国统计出版社，1990 年，第 68 页。

人口迅速上升为121万人。这说明“一五”时期北京市劳动力的供给是非常充足的。北京城市在人口数量及占全市城市人口比重情况见表2－3。

表2－3　1952—1957年北京城市在业人口变动情况

年份	城市人口（万人）	城市在业人口	
		数量（万人）	占城市人口（%）
1952	212.9	78	36.6
1953	236.5	97	41.0
1954	274.2	101	36.8
1955	283.9	101	35.6
1956	317.8	116	36.5
1957	320.5	121	37.8

资料来源：北京市计划委员会长期计划处：“北京市第一个五年计划人口资料的说明”，1957年10月，北京市档案馆馆藏档案，案卷号133－012－023。

从劳动力质量来看，中华人民共和国成立以后，党和政府很重视发展教育事业，全市教育事业得到很快的发展。据1953年北京市第一次人口普查的不完全统计，北京市小学及以上文化程度的人口为79.80万人，占当时总人口的42.52%。各类文化程度人口中，大专及以上文化程度的有4.73万人，占总人口的2.52%；高中文化程度的有4.45万人，占总人口的2.37%；初中文化程度的有9.45万人，占总人口的5.03%；小学文化程度的有61.17万人，占总人口的32.60%。①

1953年北京市第一次人口普查统计，每10万人口中，拥有小学及以上文化程度人口有42522人。其中拥有大专及以上文化程度的有2520人，高中文化程度的有2373人，初中文化程度的有5033人，小学文化程度的有32596人。②

① 北京地方志编纂委员会编：《北京地方志·综合志·人口志》，北京出版社，1999年，第210页。

② 北京地方志编纂委员会编：《北京地方志·综合志·人口志》，北京出版社，1999年，第212页。

人口受教育的状况又存在着区域性差异。其中受高等教育者主要集中在内城各区，外城尤其郊区受高等教育的人口较少。而不识字者在郊区所占比重最大，高达70%左右。①

劳动力资源的大量增加给就业带来困难，虽然这一时期随着经济建设的大规模开展，需工在不断增加，但城市提供的就业机会还是难以满足不断增长的就业需求，产生了严重的城市就业问题，政府也已经感受到了人口增长过快带来的挑战和压力。

（三）劳动力需求情况

这一时期，国家处于大规模工业化时期，劳动力需求很大，与工业化建设密切相关的很多行业劳动力需求都处于紧缺状态。劳动力是结构性短缺，而不是总量和全面短缺。

1. 劳动力需求结构状况

市建筑工人需求量大。建筑任务很重，大部分单位提前开工，仅1956年第一季度申请需工的有56000多人，较1955年同期需工21000多人增加一倍半以上。② 为了争取满足各单位所需要的劳动力，除尽量清理、动员、组织供应本市失业、无业人员和组织各单位间调剂外，又在河北省招了25559人，③已基本满足各单位第一季度的用工需要。但各单位需要的工人数量仍然很多，据1956年4月份统计，申请需工的有138个单位次9563人（壮工6671人，技工2892人），实际解决112个单位次5792人（壮工3949人，技工1843人），没有解决的有26个单位次3771人（壮工2722人，技工1049人），加上5月上旬

---

① 北京地方志编纂委员会编：《北京地方志·综合卷·人口志》，北京出版社，2001年，第212页。

② 北京市劳动局办公室编印："目前本市建筑工人供应情况和存在问题，1956年《劳动情况》第36期"，1956年5月31日，北京市档案馆馆藏档案，案卷号110-001-0679。

③ 北京市劳动局办公室编印："目前本市建筑工人供应情况和存在问题，1956年《劳动情况》第36期"，1956年5月31日，北京市档案馆馆藏档案，案卷号110-001-0679。

的需工，每月供应的共计40个单位、5751人（壮工5353人，技工398人）。[①]

由于劳动力供不应求，影响了部分单位的工程进度。京西矿务局土木工程因为1956年4月中旬申请需工250人，没有得到及时解决，从而拖延了工期。[②] 市第二地方工业局清河工地、电机制造厂工地，都因为劳动力供应不上而停工。一些修缮单位的用工，工作性质和基建不同，调剂困难，有的也没有供应。为了挖掘本市潜力，避免盲目从外地招人过多，市劳动局还组织本市各郊区农业生产合作社和需工单位订立农业富余劳动力借用合同。

青年徒工需求量大。1955年1月至5月，厂矿企业需要青年徒工2万多人，当时北京市高小以上文化程度男性青年已供不应求，仅供应了10000多名青壮工，还有11000多人亟待解决。[③] 北京市采取了用年岁较大的失业无业人员和妇女替换具有一定文化程度的青年勤杂工供应需工单位的做法，既满足了生产需要，又给失业无业人员中年岁较大的男性和妇女开辟了更多的就业机会，效果较好。

初中生供不应求。1956年度北京市各单位共需初中生3708人。[④] 失业无业人员中16岁至25岁的初中生690人，其中绝大部分是女生，约占总数的90%，初中一年级生未婚的很少。[⑤] 到同年3月，向铁道、纺织、建筑等部门实际供应初中生7186人。[⑥]

1956年初中毕业生共有22239人，广播函授学校学生547人，共计23476

---

① 北京市劳动局办公室编印：“目前本市建筑工人供应情况和存在问题，1956年《劳动情况》第36期”，1956年5月31日，北京市档案馆馆藏档案，案卷号110－001－0679。

② 北京市劳动局办公室编印：“目前本市建筑工人供应情况和存在问题，1956年《劳动情况》第36期”，1956年5月31日，北京市档案馆馆藏档案，案卷号110－001－0679。

③ 北京市劳动局办公室编印：“关于本市青年徒工需求情况，1955年《劳动情况》第38期”，1955年5月23日，北京市档案馆馆藏档案，案卷号110－001－0386。

④ 北京市劳动局：“关于本市初中生需供情况的报告”，1956年7月12日，北京市档案馆馆藏档案，案卷号110－001－0810。

⑤ 北京市劳动局：“关于本市初中生需供情况的报告”，1956年7月12日，北京市档案馆馆藏档案，案卷号110－001－0810。

⑥ 北京市劳动局：“关于本市初中生需供情况的报告”，1956年7月12日，北京市档案馆馆藏档案，案卷号110－001－0810。

人。但教育部门当年招生任务很重，共招生28640人，其中高中吸收13020人，中等专业学校吸收14000人，师范学校吸收1620人。[①] 从以上数字来看，初中生显然供不应求，即使23476人全部升学，距收生任务尚差5164人。至于外地来京考学的，根据往年情况，每年来京考学的学生有3000—4000人，各地招工都是处在紧张状态，估计来京考学的人数是不会多的。总之，初中生极为缺乏，市劳动局除了设法完成未招足的单位任务外，再不能接受新的任务，至于招收初中生已经超额的各部门，应在内部合理调整使用，或由劳动部加以调剂。

2. 不同行业劳动力的增加情况

政府劳动力的增加情况。当时需求劳动力的地方政府和国营单位包括地方工业局、建筑工程局、公用局、卫生工程局、粮食局、运输管理局、农林局、房管局、北京日报社、北京印刷厂、建设局、宣武区政府、崇文区政府、商业局，1952年、1953年还包括原京西矿区政府及市区各区政府的16个单位。小型单位包括：农林局、房管局、园林处、福利公司5个单位。劳动力增加状况主要包括：地方国营的职工总数，大型工业五年增加14986人，其中工人增加10353人，后三年工业生产人员增加398人，非工业生产人员则减少542人。相减相抵职工总数减少144人。工业生产人员中，工人增加972人，工程技术人员增加497人，工人增加主要是靠学徒升为工人。因此后三年劳动力的配备与使用基本上是严格控制的。劳动生产率五年平均增长16.6%，后三年平均增长10.8%。平均工资五年平均增长6.7%，后三年平均增长3.1%。

企业劳动力的增加情况。需求劳动力的单位有：合作社营，包括市供销合作宗社直属加工厂、区职社附属工厂及手工业生产合作社直属加工厂（非

① 北京市劳动局："关于本市初中生需供情况的报告"，1956年7月12日，北京市档案馆馆藏档案，案卷号110－001－0810。

手工业生产合作社部分）。公私合营，包括地方工业局、粮食局、福利公司、零售公司，1952年还包括原京西矿区政府。劳动力增加状况：（1）合作社营：职工总数五年增加2044人，后三年增加483人，其中工人五年增加1556人，后三年增加344人。劳动生产率五年增长17.5%，后三年平均增长22%，平均工资五年平均增长9.6%，后三年平均增长4%。五年平均增长速度较快的原因主要是受1953年、1954年调薪幅度较大的影响。（2）公私合营：职工总数五年增长8203人，其中新增累计增加9733人，1952年减少1530人。原有公私合营劳动生产率五年平均增长21.9%，平均工资五年平均增长6.7%。①

大中小学校职工的增加情况。北京市工业、财经、土木建筑工程、戏曲4个中等专业学校，北京市教育局和地方工业局所属清河制呢厂的职工子弟小学。各专业学校职工人数五年增加505人，其中教员为294人，后三年增加213人，其中教员为150人。主要根据各校后三年招生任务和学员与职工的比例确定的，财经按8∶1，工业、土木建设工程按6∶1。各专业学校的平均工资五年平均增长7.5%，后三年平均增长6%。教育局所属师范学院，中级师范，工业速成中学，中学，小学及其他院、校职工人数五年增长14746人，后三年增长8023人，主要是根据后三年教育事业的发展，学生的增加和学员与职工的比例而决定的，师范学院按3.5∶1，师范学校按10.5∶1，工业速成中学按7.1∶1，中学按13.44∶1，小学按26∶1。平均工资五年平均增长6%，后三年平均增长6%。②

3. 大招工带来的劳动力多余

在“一五”计划开始大招工后，带来了严重的问题。首先，招收的职工过多。1956年就全国来看，全年各部门招收了140多万人，调配临时工500

① 北京市计划委员会：“1953—1957年工业劳动计划编制说明”，北京市档案馆馆藏档案，案卷号002－020－0766。

② 北京市计划委员会：“1953—1957年教育劳动计划编制说明”，北京市档案馆馆藏档案，案卷号002－020－0766。

多万人次，安置就业123余万人。[①] 原计划全年增加职工84万人（年平均人数），而执行结果预计达到217万人，使工资基金多开支近6亿元。[②] 其次，夸大初中生的作用，助长了部分学生的思想波动，某些企业和工人技术学校招收的初中学生中，发生了多起罢工、罢课事件。[③] 最后，对解决城市失业问题存在盲目乐观情绪，放松了从多方面开辟就业门路的努力，调配制度、手续不健全，漏洞很多。为此，1957年4月10日至23日，劳动部专门召开了全国劳动力调配工作会议，马文瑞部长作了《1957年的劳动力调配工作问题》的报告，确定1957年主要任务是：坚决贯彻精简方针，严格控制招工，切实做好劳动力的平衡调剂，并对控制招工作了具体的规定。

到1957年，北京市的劳动力资源也大大超过了需求，不仅对社会上失业求职人员和绝大部分的不能升学学生无法安置就业外，而且安排分配多余的后备人员、复员建设军人和编余人员也有很大困难。

1957年北京市需要分配工作的后备人员共15570人，其中中等专业学校毕业生有6154人、国营企业7156人；复员建设军人有2000人；各企业、事业单位的编余人员计16411人，其中技工1913人、徒工2873人、职员7962人、学员311人、普通工1848人、其他人员1504人；不能升学的初中毕业生17300人，高中毕业生有8640人，部分人不能升学；需要介绍工作的归国华侨约100人；本市失业、求职登记人员，截至2月底共有43483人，有就业条件的仅有13000人左右。[④] 此外，农民，包括外县的和郊区农村的，迁居市内

---

① 赵化达："关于全国劳动力调配工作会议精神的报告和本市清理失业无业人员的意见"，1957年4月27日，北京市档案馆馆藏档案，案卷号110－001－0888。

② 赵化达："关于全国劳动力调配工作会议精神的报告和本市清理失业无业人员的意见"，1957年4月27日，北京市档案馆馆藏档案，案卷号110－001－0888。

③ 赵化达："关于全国劳动力调配工作会议精神的报告和本市清理失业无业人员的意见"，1957年4月27日，北京市档案馆馆藏档案，案卷号110－001－0888。

④ 北京市劳动局："关于本市劳动力多余和不足情况及安排解决意见的报告"，1957年4月12日，北京市档案馆馆藏档案，案卷号110－001－0813。

的现象也比较严重，据不完全推算，全市共登记来自农村的有 8000 人左右。①

而 1957 年北京市企事业单位共需工 7820 人，其中中央企业需工 1642 人，市属 9 个主管局计划需工 6178 人。需要增加的人员从各单位编余人员调剂解决外，仍然多余 8591 人。②

为此，北京市对企业、事业单位编余人员和需要安置的其他人员进行安排，严格控制从社会上招工，加强了平衡调剂，缓解了劳动力多余的状况。

二、就业政策的演变

“一五”时期，就业政策不断调整，调整的趋向是取消了个人自行就业与政府介绍就业相结合的灵活就业方针，加强了政府对劳动力资源的计划管理。北京市在这一时期，突出的就业政策主要体现在两个方面：一是根据国家经济建设的需要以及具体用人单位的需要，有步骤、有针对性地组织失业人员就业，包括动员失业人员去国营农庄和砂石厂、动员去永定河引水工程、动员农业生产合作社劳动力支援工业建设等；二是开展生产自救互助组。

（一）就业政策不断调整

“一五”时期，就业政策的调整，总体上可以分为三个阶段。

第一阶段是 1953 年 8 月以前。这一阶段就业政策的基本特征是继续秉承 1952 年 7 月全国劳动就业会议的精神，主要贯彻执行由政府统筹安排的统一介绍就业政策和劳动力统一调配政策。1952 年 7 月全国劳动就业会议规定，一切公私企业，应积极从发展生产和营业中克服困难，不得解雇职工，以避

① 北京市劳动局：“关于本市劳动力多余和不足情况及安排解决意见的报告”，1957 年 4 月 12 日，北京市档案馆馆藏档案，案卷号 110－001－0813。

② 北京市劳动局：“关于本市劳动力多余和不足情况及安排解决意见的报告”，1957 年 4 月 12 日，北京市档案馆馆藏档案，案卷号 110－001－0813。

免增加失业；一切公私企业，对于因实行生产改革、合理提高劳动生产率而多余出来的职工，均应采取包下来的政策，仍由原企业单位发给原工资，不得解雇。从而“逐步消灭失业半失业现象，逐步做到统一调配劳动力”。①

第二阶段是从1953年8月到1955年4月，重新实行自行就业与介绍就业相结合的就业方针。这主要是基于对当时实际情况的考虑，一方面，国民经济恢复时期的就业工作经验使党和政府认识到，虽然国家的经济建设为解决失业问题提供了有利的条件，但严重的失业现象只有随着经济建设的进一步开展才能逐步消减，不可能一下子全部解决。加上失业人员的情况又相当复杂，失业人员来自社会各个阶层、各个行业，就业条件各不相同，要求在短期内由国家统一安置是很困难的。因此，对于失业人员应采取按照各自情况分别处理逐步解决的方针，将介绍就业与自主就业结合进行，鼓励失业人员自找职业、自谋生活出路，以减少当时的失业现象和减轻介绍就业的困难。

另一方面，劳动力统一调配的政策客观上限制了公司企业等用人单位的积极性，存在“将不适合条件的失业人员介绍到工厂企业中去”② 等现象，不利于经济的发展。1953年8月5日，中央劳动就业委员会、中央内务部、中央劳动部联合召开劳动就业会议，指出为保障工业发展对劳动力的需要，有计划、有步骤地实行统一调配是必要的，但在当时情况下，“实行无所不包的统一调配办法是过早的，这在实际上就限制了公私企业机关用人单位的方便，缩小了自行就业的门路。因此，为使失业人员获得更多的机会，对于统一调配的范围应适当缩小”。③ 会议对劳动力统一调配的范围作出了具体的规定，限制在工厂企业内部。中共中央批准了这一会议报告，要求改善介绍就

① “中央人民政府政务院关于劳动就业问题的决定”，1952年7月25日，中共中央文献研究室编：《建国以来重要文献选编》第三册，中央文献出版社，1992年，第295页。

② 中央劳动就业委员会、中央内务部、中央劳动部：“关于劳动就业工作的报告”，1953年8月5日，北京市档案馆馆藏档案，案卷号110－001－0387。

③ 中央劳动就业委员会、中央内务部、中央劳动部：“关于劳动就业工作的报告”，1953年8月5日，北京市档案馆馆藏档案，案卷号110－001－0387。

业与自行就业相结合的方针。

1953 年 9 月 17 日，北京市劳动局专门召开会议进行贯彻，首先强调实行介绍就业与自行就业相结合的方针，指出：“介绍就业问题，总的精神是介绍就业应服从生产利益，根据生产需要，同时也要扩大就业面。”① 用人单位可以采取录用后备案的办法进行招用工人，并根据不同单位的性质规定统一招收的具体范围：国营、地方国营、合作社经营、公私合营企业及基本建设单位，在招用较大数量的工人和职员时，应由劳动局统一介绍，招用少数人员时，可自行在北京市已登记失业人员中选用，10 人或 20 人以上统一介绍，以下自行招用。如招用本市未经登记的人员，必须事先向劳动局备案，经核准后可录用。另外，由于当时北京市特殊情况，有三种人应加以考虑，第一是未录取的学生，第二是用人单位内的职工家属，第三是干部家属（此二项均指直系亲属），这三种人不在统一介绍范围内。但学生及职工家属，应限定在具有 1952 年 8 月 4 日前长期户口的干部家属，户口不硬性限制，对私营企业原则上不管，但如到劳动局申请，也可以介绍；如自行招用，应向本局备案。② 手工业单位，手工作坊招收学徒、私人雇用保姆、厨师等，自行招用，不受任何限制。③

1954 年 8 月 13 日，市劳动局在关于需工单位会议的报告中进一步强调：介绍服务生产，而且结合当前实际需要，使自行就业与介绍就业相结合，是今后解决劳动就业工作的方向④。

其次，结束全面失业登记工作，由全面登记过渡到只登记失业工人和职

---

① 北京市劳动局：“关于中央‘劳动就业今后的方针和处理办法’的几项初步意见”，1953 年 9 月 17 日，北京市档案馆馆藏档案，案卷号 110－001－0387。

② 北京市劳动局：“关于中央‘劳动就业今后的方针和处理办法’的几项初步意见”，1953 年 9 月 17 日，北京市档案馆馆藏档案，案卷号 110－001－0387。

③ 北京市劳动局：“关于中央‘劳动就业今后的方针和处理办法’的几项初步意见”，1953 年 9 月 17 日，北京市档案馆馆藏档案，案卷号 110－001－0387。

④ 北京市劳动局介绍科：“关于需工单位会议报告及劳动就业清理情况工作总结报告”，1954 年 8 月 13 日，北京市档案馆馆藏档案，案卷号 110－001－0505。

员。北京市全面失业登记工作从1953年9月开始，截至1954年7月，共登记9万多人。经介绍长期就业和临时得到安置的共4万多人。[①] 考虑到这一年已有不少登记人员由政府协助介绍了职业或自己找到了职业，为了更好地鼓励失业人员自己找工作，从1953年3月、4月起，逐步收缩登记范围。1953年9月北京市人民政府发出通告，要求“尚未就业的登记人员，除根据国家经济建设需要及其符合就业条件继续予以介绍工作外，应积极自找工作，未登记的失业无业人员也可自主择业，除本市失业职工由劳动部门继续登记外，其他失业无业人员一律停止登记”。[②] 这样，就从逐步收缩登记范围过渡到只登记失业工人和职员。

为此，市劳动局于1953年9月16日制定出失业工人和职员登记细则，对失业工人和职员的登记条件和范围进行了明文规定。细则规定下列两类人员可以登记，但须持有本市长期户口和证明文件，且本身具有一定劳动能力：（1）凡在国营、私营、合作社经营、公私合营工商企业、交通运输事业、手工作坊以及机关、团体、学校中工作，以工资收入为生活全部或主要来源，在取得工人成分后连续工作在一年半以上的工人和职员，因非生产或工作所需而被解雇者；（2）季节性行业中的长期工人，因行业衰落或厂店倒闭被解雇者。

细则还规定下列人员，虽属于失业工人和职员，但不予登记：（1）有残疾或长期患病，已失去就业条件的人员；（2）自动离职的、开除的、被管制的、劳改释放的以及其他蜕化清洗的人员；（3）年老退休的人员；（4）临时工、季节工、搬运工以及其他无固定雇主的工人；（5）虽在本市失业，但已还乡生产，得到安置的人员；（6）返入本市的外地失业人员；（7）机关、团

---

① 北京市劳动局介绍科：“关于需工单位会议报告及劳动就业清理情况工作总结报告”，1954年8月13日，北京市档案馆馆藏档案，案卷号110－001－0505。

② 北京市劳动局：“关于目前劳动就业登记范围和今后意见”，1953年9月，北京市档案馆馆藏档案，案卷号110－001－0387。

体、学校、使馆、部队的编余人员，均不办登记。

逐步收缩登记范围的行为引起了有些要求登记人员的不满，市民中流传着“劳动就业已停止”[①] 的说法。为此，市政府要求做好相关的说服和宣传工作，用通告、报纸、广播等方式，向广大群众讲明了停止登记的原因。经过耐心的说服和解释，没有发生严重问题。要求登记的人数也日渐减少，家庭劳动妇女自知登记无望，一般也不再强求登记。

事实证明，“自行就业与介绍就业相结合”的就业方针非常正确和有效。在其贯彻执行后的一年时间里，失业人员自行就业的人数显著增加，失业压力明显减轻。

第三阶段是1955年4月以后。由于经济建设规模加大和建设速度加快，各部门对劳动力的需求也随之增加。同时，社会主义改造进入高潮，非公有制经济成分被急剧消灭。在这种情况下，对非公经济招收劳动力的自主权进行限制，强调劳动力招收与使用的计划性，废除“自行就业与介绍就业相结合”的“两条腿走路”的就业方针，似乎也就理所当然了。1955年4月，中共中央在《关于第二省、市计划会议总结报告》上批示：“一切部门的劳动力调配必须纳入计划，增加人员必须通过劳动部门统一调配，不准随便招收人员。”同年5月，劳动部第二次全国劳动局长会议上，强调必须贯彻“统一管理，分工负责”的原则，在劳动部门的统一管理下，由企业主管部门分别负责。[②] 北京市劳动局规定，用工单位招工时应向劳动局申请，按实际需要申请，不得随意变更招工计划，招工条件也不得任意提高。[③] 从此，大多数企事业单位在招用职工时，都需要按规定自下而上编制招工计划，由劳动部门统

---

① 北京市劳动局：“关于目前劳动就业登记范围和今后意见”，1953年8月，北京市档案馆馆藏档案，案卷号110－001－0387。

② 董志凯、武力主编：《中华人民共和国经济史（1953—1957）下》，社会科学文献出版社，2011年，第795页。

③ 北京市劳动局介绍科：“关于需工单位会议报告及劳动就业清理情况工作总结报告”，1954年8月13日，北京市档案馆馆藏档案，案卷号110－001－0505。

一安排招收，劳动者自寻出路的自由度也随之逐渐缩小了。

（二）有针对地动员失业人员就业

根据国家经济建设、具体用人单位的需要，有步骤地组织失业人员就业，是这一时期的就业特点。

为了逐步扩大劳动就业，减少城市失业人口，维护社会秩序，给首都的各项建设提供良好条件，市委指示有计划地动员失业无业人员参加劳动生产。1954 年 11 月 22 日，北京市成立了劳动就业办公室，设在劳动局，由市委统战部、公安局、工商管理局、劳动局与市总工会五个单位抽调干部组成，各区劳动就业办公室也随之成立。劳动就业办公室的任务是掌握推动全市动员失业人员的工作，根据失业人员的就业条件及用人单位的需要情况，作出相应的就业安置。

1. 动员去国营农庄和砂石厂

劳动就业办公室一成立便开始开展工作，进行了首次动员失业人员工作。此次动员对象是私营工业垮台户失业职工及就业登记中鼓励自行就业部分职工（年龄较大或政治历史复杂的）。当时各厂矿及其他用人部门需工情况是：茶淀国营农庄需 1000 人、石景山砂石厂需 1500 人，其他有国营厂矿、合作社、劳动局主办的训练班及其他单位共需 2074 人，总计 4500 余人。[①] 新的需工单位还在陆续增加。

根据这种情况，劳动就业办公室在成立后的第二天上午便具体研究了动员计划，确定的动员任务人数为 5000 人，分为三期动员。确定第一批动员任务为 1700 人，到茶淀国营农庄去 1000 人、到石景山国营砂石厂去 700 人。符合到农庄及砂石厂的工作条件为：劳动力较强、生活困难的，如不困难但本

① 北京市劳动就业办公室编印："劳动就业办公室成立及工作情况"，《劳动就业简报》，1954 年 11 月 25 日，北京市档案馆馆藏档案，案卷号 110－001－0439。

人愿意去也可；政治历史不限，新失业职工优先，只限男性。待遇情况为：茶淀国营农庄一般每人最低25万元，劳动好的可以达到30万元，如果收获好有奖励，当年只限本人去，来年可接家属安家；砂石厂前3个月每人24万元，以后按计件工资制，多劳多得。①

为保证动员任务的顺利完成，劳动就业办公室对户口、路费、各区的动员数量等内容进行了明确规定。失业人员被动员走后，要将他们的户口迁走，“动员时可以讲由于粮食和食油实行计划供应，需要带户口”，路费由政府负责。动员到砂石厂的人数每区保证100人；动员到国营农庄的人数，西四区200人，东四区165人，东单、西单两区各100人，外城三个区各145人。一些自产自销的私营工厂，尚未被确定是否垮台，但估计毫无前途，工人生活很困难，对于这些工人不动员。摊贩与一般市民不动员。②

到1954年12月15日，各区共动员3026人到农庄，经报名、核查后，实际输送1013人（其中新失业职工364人、旧失业登记的616人、未登记的社会劳动力33人）；动员2294人去砂石厂，实际输送788人（其中新失业职工104人、旧失业登记的679人、未登记的社会劳动力5人），合计输送1801人，占动员总数的33.85%，③ 完成并超过了第一批的动员任务。

在动员过程中，很多人有顾虑，对政府这种措施抱有怀疑态度，不愿服从国家分配，最初几乎没有人报名参加。于是政府改变了动员方式，“先向失业人员讲明，政府准备协助大家就业，接着介绍了农庄与砂石厂的情况，指出这次名额有限，机会难得，然后划分了四个小组进行讨论”，让失业人员感受到了政府真是在设法解决问题，结果“当场即有21人报名去农庄，有10

---

① 北京市劳动就业办公室编印：“劳动就业办公室成立及工作情况”，《劳动就业简报》，1954年11月25日，北京市档案馆馆藏档案，案卷号110－001－0439。

② 北京市劳动就业办公室编印：“各区成立劳动就业办公室及开始工作的情况”，《劳动就业简报》，1954年11月26日，北京市档案馆馆藏档案，案卷号110－001－0439。

③ 北京市劳动就业办公室：“动员失业人员参加劳动生产的工作报告”，1955年1月21日，北京市档案馆馆藏档案，案卷号110－001－0503。

人表示回家商量后再决定，陆续又有16人主动来报名”。[①] 到农庄、砂石厂的人员，有一部分情绪不稳定，少数人员要求回家。在农庄特别是前门、宣武两区的新失业职工情绪波动最大。[②]

动员失业人员去国营农庄和砂石厂，给失业人员找到了生活的出路，解决了他们生活困难的问题，同时促进了经济的发展。要求迁移人员户口随迁，实质是移民。动员过程中，带有一定的强迫性。

2. 动员去永定河引水工程

把永定河的水引到北京城里来，是一项巨大的工程。北京市的缺水情况严重，北京市整个河湖水系仅仅依靠玉泉山。随着首都人口的增长、各项建设的发展，特别考虑到发展现代化工业，必须把工业用水准备好，以免影响建设速度，1955年1月，北京市向中央提交了关于永定河引水工程的请示。[③] 原计划在1956年开工，1958年完工。为了适应首都工业建设和农业发展的需要，北京市决定在1956年“五一”前完成这项工程。由于需要大量的劳动力，只能采取分批动员的办法，并且各区组织管理各区供应的劳动力。1956年1月至2月，分批动员了劳动力13500人，其中渠首工程5000人、渠道工程8500人。[④] 参加挖河工程的工人生产热情很高，石景山区有100多名工人主动要求组织青年突击队，40多岁的老工人也要求参加，东四区也组织青年突击队，丰台区工人总结挖冻土的经验，劳动效率有所提高。到1956年3月，随着这一时期厂矿企业等单位需工大量增加，工程的劳动力供应出现了困难。虽然各区多次动员，但参加的人数不多，有的因年纪较大不适合生产

① 北京市劳动就业办公室编印：“各区劳动就业动员工作情况”，《劳动就业简报》，1954年11月30日，北京市档案馆馆藏档案，案卷号110－001－0439。

② 北京市劳动就业办公室：“动员失业人员参加劳动生产的工作报告”，1955年1月21日，北京市档案馆馆藏档案，案卷号110－001－0503。

③ “中共北京市委关于永定河引水工程问题向中央的请示”，1955年1月29日，北京市档案馆、中共北京市委党史研究室编：《北京市重要文献选编1955年》，中国档案出版社，2003年，第49页。

④ 北京市劳动局办公室编印：“组织供应永定河引水工程需工情况”，1956年《劳动情况》第7期，1956年2月1日，北京市档案馆馆藏档案，案卷号110－001－0679。

需要，有的因体弱从工地回来，有的工人短期回乡。在此情况下，只得去河北省招工2000人以满足渠道工程需要。①

3. 动员农业生产合作社劳动力支援工业建设

1956年上半年，北京市劳动力供应工作经常处在紧张情况。建筑工人方面，据不完全统计：1月至5月份申请调配的共计74070人，壮工占80%左右。对建筑工人方面所需的工人，主要从永定河退工的本市工人和河北省招来的工人中调配供应，其中由河北省招来工人30000人。根据永定河引水工程指挥部初步计划，6月15日至30日退工14400人，其中本市工人5180人（内有3500人符合长期壮工和徒工条件，可发展为重点厂矿长期工），河北省工人5167人，总共可作为供应临时工对象的仅有6800人。退回本市的农业劳动力4053人，原系市委农村工作部从郊区动员的农工，不能由劳动局直接调配，这就加剧了供不应求的紧张局面。至5月底，有42个单位需工5999人，问题尚未得到及时解决。其中有市农林水利局所需农工1409人（长工322人、临时工1087人），亟待调配供应。另外，还需3000名造林工人，如不能及时供应，将影响整个西山绿化计划。②

为解决农林水利局所急需的农业工人，北京市决定从东郊、海淀、京西矿、石景山等郊区农业合作社抽调劳动力。东郊22个社抽出200—300人，海淀区54个社抽出300人，京西矿171个社抽出1000人，石景山区不愿抽人做临时工，抽出了部分长期工。③

当时，北京郊区除个别区，如南苑区是属于地多人少外，多数区都有一定数量劳动力可以抽出支援国家建设。从郊区农业生产合作社动员劳动力参

① 北京市劳动局办公室编印：“对永定河引水工程二至四月份需工供应情况”，1956年《劳动情况》第19期，1956年3月17日，北京市档案馆馆藏档案，案卷号110-001-0679。

② 北京市劳动局：“关于动员本市农业生产合作社劳动力支援工业建设的请示”，1956年6月15日，北京市档案馆馆藏档案，案卷号110-001-0810。

③ 北京市劳动局：“关于动员本市农业生产合作社劳动力支援工业建设的请示”，1956年6月15日，北京市档案馆馆藏档案，案卷号110-001-0810。

加工业建设，并不影响农业生产，相反还能促进农业社合理使用人力，增加农业社的收入。

（三）生产自救互助组

1957年4月国务院下达关于冻结编制停止增加人员的通知后，各部门已停止从社会上招用人员，但还有很多要求就业的失业人员，其中确有一部分人生活很困难，这就形成国家与求职人员之间的矛盾。为了从多方面解决这个矛盾，为失业人员谋求生活出路，北京市从1957年2月开始组建生产自救互助组，以生产自救的方式，组织服务性的互助组，让失业、无业人员从事各种生产自救。

西四、前门、宣武等6个城区和东郊1个郊区已先后组织失业、无业人员和烈军属、贫苦市民、职工家属等654人，成立18个生产自救组。这些生产自救组主要包括：带有技术性的修理组8个，如电工、水暖、无线电、防护用品等，共有组员83人；非技术性的加工组9个，如造纸原料加工、糊火柴盒、托运包装、挑补花等，共有组员371人；服务性的存车组1个，组员12人。对于余下的188人，组织他们参与卖冰棍、卖青菜等服务性工作。各组业务的来源，主要是给工厂、合作社、公私合营企业加工和销售商品，或经他们介绍做一些小型承装工作；其次是由他们自己承揽一些机关、市民的修理工作。①

每组的收入都比较好，组员的收入一般都能维持几口人的生活。如修理组平均每人每天最高收入3元、最低1.5元，加工组及参加服务性工作的平均每人每天最高收入2元、最低3—4角，在不同程度上解决了他们的生活问题。

---

① 北京市劳动局："关于组织本市失业无业人员从事各种生产自救工作的报告"，1957年7月10日，北京市档案馆馆藏档案，案卷号110-001-0888。

生产自救互助组对于安置就业条件较差的登记人员来说，也是一项较为妥善的办法。如西四区存车组 12 个组员，无文化和专长，体力也不强，单身汉占半数以上，50 岁以下有严重病残的 4 人，建组前享受政府救济的 10 人，每月救济 85 元，参加互助组后除个别人外，其余已不需要救济，因为建组后每人每天收入都在 1 元左右，老人们很高兴。[①] 其他如挑补花组、造纸原料加工组及卖冰棍的人中，家庭妇女和半丧失劳动能力的人也很多，这些人都很难被安排长期工作。

参加生产自救互助组后，大部分组员工作情绪高涨，反映较好。电工组的李振华说：“政府对我们失业人员太关心了，不但政府协助我们组织起来，头一天开始工作政府就来看我们，要是过去失业的工人饿死也没人管你，今后要不好好干，就对不起人民政府了。”[②] 类似这些反映还很多，各组大多数组员对政府这样的做法是比较满意的。

同时，生产自救互助组由于各组完成工作的质量和服务态度较好，颇受群众欢迎，得到了广大群众的支持和拥护。如北京市第三针织合作社写信表扬西四区电工组：工作认真负责，节约原料，服务态度好，与电料行和零散电工的作风大不相同了。西直门外公私合营泰山居饭馆的陈同志说：“西四区组织老年登记人员在苏联展览馆成立存车分站，既解决了老人们的生活问题，又便利了参观的群众。”[③]

需要指出的是，互助组是以生产自救为目的的互助合作自负盈亏的群众性组织，在具体的实践过程中，也存在一些问题。例如，工人依赖政府的思想比较严重，让政府解决资金和房子等；有的组分工不明确，工资分配不合

---

① 北京市劳动局：“关于组织本市失业无业人员从事各种生产自救工作的报告”，1957 年 7 月 10 日，北京市档案馆馆藏档案，案卷号 110－001－0888。

② 北京市劳动局：“关于组织本市失业无业人员从事各种生产自救工作的报告”，1957 年 7 月 10 日，北京市档案馆馆藏档案，案卷号 110－001－0888。

③ 北京市劳动局：“关于组织本市失业无业人员从事各种生产自救工作的报告”，1957 年 7 月 10 日，北京市档案馆馆藏档案，案卷号 110－001－0888。

理，缺乏较为完善的工作制度和财务制度等。

总体而言，虽然生产自救互助组在实践过程中存在一些问题，但是也有利于解决失业人员生活困难及进一步满足市民的需要，在政府的就业工作中发挥了重要的作用。

三、北京市计划就业体制的形成

“一五”时期，为了适应大规模有计划的经济建设，针对劳动力的结构性短缺，劳动力统一招收和调配的实施范围进一步扩大。企事业单位在招工、用工方面的自主权逐渐缩小直至取消，劳动者就业的选择权受到限制，劳动力的招收和调配从市场不断向劳动部门集中。在此过程中，农民进城受到限制，劳动力市场从有到无。政府集中管理的城市计划就业制度建立起来。

（一）劳动力统一招收和调配制度的建立

1. 建筑行业的率先实行

统一的劳动力招收和调配制度最早是在建筑业开始实施的，这主要和建筑业本身的用工特点有关。建筑业工人流动性大、季节性强，传统的管理方式又相当松散和落后，不易进行统一的组织和规范的管理，在劳动力使用上经常发生严重的窝工浪费现象。“各单位窝工浪费情况十分严重。据市建筑工程局等十三个大单位自查，去年共窝了一百三十六万八千多工日，由于劳动力组织管理不善，所造成的工力上的无形浪费，特别是壮工的浪费更为吓人”。[①]

第一个五年计划确立了优先发展重工业的战略目标，“一五”时期的基本任务之一，就是集中主要力量进行以苏联帮助设计的156个重点项目建设为

---

① 北京市劳动局：“关于北京市建筑业劳动力调配工作的情况和今后意见”，1954年6月9日，北京市档案馆馆藏档案，案卷号110－003－0541。

中心、由限额以上的694个建设单位组成的工业建设，建立我国社会主义工业化的初步基础。根据国家第一个五年计划以发展重工业为中心环节的任务，地方国民经济的发展也就必须从保证国家重点建设的顺利完成为出发点，动员一切力量、尽一切可能，保障和支援第一个五年计划中在北京新建厂矿的建设，并对全国的新建扩建的重点工程进行有力的支援。

“一五”期间，财政支出也向基本建设倾斜。北京市地方国营工业的基本建设投资为9295万元，占全市五年基本建设投资总额的19.4%。[①] 五年内，北京市城市建设投资共21386万元，占市地方五年基本建设投资总额的44.72%。[②] 基本建设的宏大规模对建筑业的发展提出了紧迫的要求。在财政支出向基建项目倾斜进而财力支出已经得到保证的条件下，如何保证基建项目建设所需要的劳动力成为一个至关重要的问题。1953年，北京市基本建设竣工房屋面积已经达到了297.8万平方米，1956年达到了383.7万平方米（表2-4）。作为基本建设先头行业的建筑业，不仅承担了重工业化的基础责任，也面临着巨大的挑战。

表2-4　北京市全市基本建设房屋竣工面积　（单位：万平方米）

年份	合计	厂房	仓库	办公室	家属宿舍	医疗用房	其他
1953	297.8	23.0	10.5	36.5	109.8	13.3	39.9
1954	321.8	19.2	17.0	38.4	117.0	17.5	28.0
1955	427.2	26.4	18.0	67.4	193.1	13.9	42.8
1956	383.7	40.7	14.3	57.7	169.7	2.2	34.5
1957	313.8	28.1	9.8	23.6	169.8	5.4	44.8

资料来源：北京市统计局编：《北京四十年——社会经济统计资料》，中国统计出版社，1990年，第293—294页。

---

① 北京市人民委员会：“北京市发展国民经济的第一个五年计划”，1955年10月，北京市档案馆馆藏档案，案卷号005-001-0157。

② 北京市人民委员会：“北京市发展国民经济的第一个五年计划”，1955年10月，北京市档案馆馆藏档案，案卷号005-001-0157。

建筑业在重工业化发展过程中所承担的基础角色和建筑业劳动力管理方式之间的矛盾，使政府首先实行了对建筑业工人的统一调配制度，用以确保进行基本建设所必需的劳动力。早在“一五”计划以前，东北作为一个较早解放的地区，建筑业已经实行统一调配制度，建筑业所需的劳动力由工会组织、建筑部门和劳动行政部门共同管理，最后发展到由劳动部门归口管理。这一管理模式逐渐向内地扩散，到1953年底，全国93个城市已建立专门的建筑工人调配机构，为基本建设单位调配了大量所需的劳动力。如1953年东北地区为基本建设单位调配建筑工人共计27万人次，其中为北京市调配9万多人次。①

1954年3月中央召开了全国建筑工人调配会议，明确了劳动力调配工作必须为基本建设服务的方针，制定了《建筑工人调配暂行办法》，并要求北京市逐步做到劳动力的计划供应和合理调配，供应基本建设需要。② 随后，北京市召开建筑业劳动力调配工作专业会议，要求建筑专管机构的系统内部做到劳动力的调度平衡，各单位加强计划管理，改进劳动组织，逐步达到合理调配使用劳动力；必须建立健全调配机制，制定一些必要可行的制度办法，结合本单位情况，学习调度工作经验，并对窝工等施工上存在的不均衡现象提出具体的解决办法。各单位交流了劳动力调配工作的经验，尤其是重工业单位劳动力调配工作的经验，重工业工程公司和华北一公司分别介绍了实行计件和计时工资时劳动力调度工作的经验。有的单位建立了调度室，成立了调度组，劳动力的管理与调配方面也建立了一定的制度。有的单位为提高劳动生产率和降低建筑造价，提出了1954年劳动力的控制数字，如北京市建筑工程将全年控制数字定为4.5万人（当年有4.2万人）。在积极减少窝工浪费方面，尤其在处理瓦木工人方面，除由劳动局组织单

① 袁伦渠：《新中国劳动经济史》，劳动人事出版社，1987年，第23页。

② 北京市劳动局：“关于北京市贯彻全国建筑工人调配工作会议精神的情况报告”，1954年7月15日，北京市档案馆馆藏档案，案卷号110－003－541。

位相互借调工人外，各单位也做了很多工作。如北京市建筑工程局调干部到河北省保定市等地区，与当地政府配合，动员 2900 多名预约的瓦木工人解除预约关系。①

为做到市劳动力的平衡调度，会议提出了具体的规定：（1）强调招工计划性。有组织地供应建筑单位所需要的劳动，进一步掌握劳动力来源，对各单位招工加以调查和控制，对招工计划进行一定的督察，市财委和各建筑领导单位从建筑管理和劳动成本等方面也加以控制。（2）有工人 1000 人以上的 80 个单位成立联合办公室，组织各单位间相互调剂劳动力，减少窝工浪费。从 2 月至 5 月底，向联合办公室申请需工的共 229 单位次，需工 43819 人，其中通过华北到河北省招用 30355 人，借调保证了工程需用的劳动力。（3）督促协助单位培养技术工人。② 至此，全市范围内统一的建筑工人招收和调配制度正式确立。

统一招收和调配制度确保了大规模基本建设时期建筑部门需要的劳动力人数，为顺利完成“一五”目标作出了巨大贡献。1953 年，北京建筑业完成工作量 310 万平方米，工人最多达 24 万人（其中基建工人 18.7 万多人）。1954 年全市建筑总任务共 330 余万平方米，建筑工人 16 万人。1953 年通过市劳动局供应建筑业劳动力的达 9 万多人，劳动局组织需工、窝工单位借调 200 多单位次，共借调工人 7500 多人。如果没有建筑业的统一招收和调配制度，这么大量的劳动力转移是不可能在一年内实现的。表 2－5 显示了北京市建筑业及其从业人员情况。

① 北京市劳动局：“关于北京市贯彻全国建筑工人调配工作会议精神的情况报告”，1954 年 7 月 15 日，北京市档案馆馆藏档案，案卷号 110－003－541。

② 北京市劳动局：“关于北京市贯彻全国建筑工人调配工作会议精神的情况报告”，1954 年 7 月 15 日，北京市档案馆馆藏档案，案卷号 110－003－541。

表 2－5　北京市建筑企业基本情况

年份	建筑企业个数（个）	期末职工人数（万人）	施工产值（亿元）	全员劳动生产率（元/人）
1953	29	17.3	3.2	2831
1954	23	11.3	3.5	3433
1955	39	11.5	4.0	3380
1956	54	12.7	3.7	3200
1957	45	7.7	3.3	3226

资料来源：北京市统计局编：《北京四十年——社会经济统计资料》，中国统计出版社，1990 年，第 291 页。

随着经济建设的深入发展，一方面，许多其他的重要部门也面临和建筑部门相似的劳动力短缺问题；另一方面，在各地区、各部门之间出现了劳动力余缺不一的现象。1955 年以后，劳动力的统一招收和调配制度开始从建筑业扩大到工矿企业和交通运输等各个行业。1955 年 5 月，全国第二次劳动局长会议召开，明确规定了劳动力统一招收和调配的基本原则、方法。基本原则是“统一管理、分工负责”，即在劳动部门的统一管理下，由企业主管部门分别负责。具体办法为：第一，在招工方面，企业招用工人和技校学生，统一通过劳动部门进行，机关和事业单位招用人员应报当地劳动部门备案；第二，在调配方面，企业之间劳动力的调剂主要由主管产业部门在本系统内进行，但为避免同类职工相向调动和远距离调动所造成的浪费，由地方劳动部门进行地区平衡；第三，各部门、各地区之间劳动力调剂，以及抽调技术工人支援内地重点建设，由劳动部门组织进行；第四，私营企业的劳动力按行业进行归口管理，尚未归口的由劳动部门统一管理；第五，各部门、各地区根据国家批准的劳动力计划，编制本部门、本地区的年度劳动力平衡计划，以保证劳动力调配有计划的进行。这些规定实质上取消了企业和事业单位在招工、用工方面的权限，将调配劳动力的权限集中于劳动部门，必须经过劳动部门的批准才能进行，这样就在宏观层次上完成了在全国范围内劳动力的统一配置。

2. 个体手工业和私营工商业的社会主义改造对就业的影响

私营企业的社会主义改造为大规模地实现劳动力统一调配提供了前提条件。在多种经济成分并存的条件下，政府不得不考虑这些企业自身的经济和效率要求，而无法实现严格的劳动力调配政策。1957 年社会主义改造基本完成后，国营企业成为职工就业的主要渠道。而事实上，私营企业在国民经济恢复时期成为吸纳大量劳动力的主要渠道。1949 年底，全国私营企业职工人数为 295. 7 万人，占职工总数的 36. 9%，其中在工业部门就职的私营企业职工更是占到了全部职工总数的 53. 7%；北京私营企业职工人数为 192153 人，占当时全市职工总数 318549 人的 60. 3%。到 1956 年，北京私营企业职工人数为 50332 人，仅占当时全市职工总数 959914 人的 5. 2%。[①] 表 2 –6、表 2 –7 具体反映了北京市国民经济各部门中劳动力数量由于社会主义改造在不同经济类型企业之间的变动情况。

表 2 –6　北京市国民经济各行业职工人数　（单位：人）

年份	全市	全民	集体	各种合营	私营	占全市比重（%）		
						全民	集体	合营
1953	780790	508282	—	19132	253376	65. 1	—	2. 5
1954	796475	554724	—	29686	212065	69. 6	—	3. 7
1955	808579	606626	—	29381	172572	75. 0	—	3. 6
1956	959914	753329	—	156253	50332	78. 5	—	16. 3
1957	1080027	923141	—	156886	—	85. 5	—	14. 5

数据来源：北京市统计局编：《北京四十年——社会经济统计资料》，中国统计出版社，1990 年，第 444 页、第 629 页。

① 北京市统计局编：《北京四十年——社会经济统计资料》，中国统计出版社，1990 年，第 444 页。

表 2－7　北京市公私合营及私营工业户数增长情况

项目	1953 年	1954 年	1955 年	1956 年
公私合营工业户数（户）	11	32	76	517
和 1949 年相比（%）	100.0	290.9	690.9	4700.0
总产值（万元）	3142	5330	12692	49484
和 1949 年相比（%）	200.8	1131.6	2694.7	10506.2
私营工业户数（户）	7061	5960	4560	6
和 1949 年相比（%）	170.1	143.6	109.9	0.1
总产值（万元）	40821	33592	23960	154
和 1949 年相比（%）	675.0	555.4	396.2	2.6

数据来源：北京市统计局编：《北京四十年——社会经济统计资料》，中国统计出版社，1990 年，第 444 页、第 629 页。

1953 年开始的私营企业社会主义改造的过程中，出现了大量职工尤其是垮台户的职工无法安置等问题。职工不能妥善安置，既影响私营企业社会主义改造的顺利进行，也影响对私营企业劳动力的统一调配。为此，国家采取了按行业“归口”管理的政策。北京市根据中央按行归口的精神，将本市私营各行业作了大体上的划分。但从对实际问题的处理上来看，问题并未完全解决。对于要安置的职工，工商局对哪些垮台户职工应由工业部门负责、哪些应由劳动部门登记的规定也不明确，“政府各部门互相推诿，造成不良影响”。[①] 再加上一些具体情况，如 9 人以下 4 人以上的资本主义工业，工商局归口意见表中没有标示，而这类工业的困难职工更多。据西单区 1953 年 4 月份失业人员统计，60% 属于这类小户。工业部门既不“归口”，手工业部门也不管。[②]

1955 年 8 月 18 日，北京市劳动局认为，认真安排生产，是解决职工安置问题的根本，“只有按行业地、有计划地，才能真正把私营工业生产纳入计划轨道，才能考虑维持哪些、怎样维持、怎样淘汰、什么步骤、什么时间。不

① 北京市劳动局：“关于私营企业归口职工安置问题的请示批复”，1954 年 7 月 15 日，北京市档案馆馆藏档案，案卷号 110－001－622。

② 北京市劳动局：“关于私营企业归口职工安置问题的请示批复”，1954 年 7 月 15 日，北京市档案馆馆藏档案，案卷号 110－001－622。

解决这个根本问题，就只能在‘确实不能安置的’这句话上扯皮，各方面工作都被动，经济上政治上都要蒙受损失”。① 对私营企业社会主义改造中必须裁决的职工，制定了如下的解决办法：

第一，由劳动局协助地方工业局在行业内、系统内、行业间和系统间进行调剂。

第二，有计划地以多余的职工，替换下一部分经过挑选有培养前途的职工，由地方工业局对他们进行政治、业务的培训，作为将来大量需要的改造私营工业的干部（如公股代表、驻厂员等）。

第三，新建、扩建的国营厂矿需要职工时，可以有计划地从私营工业中抽调，必要时可采取“偷梁换柱”的做法，从地方工业中抽调一部分政治、技术条件较好的职工支援国营工业，以私营工业多余的职工补替。

第四，对淘汰户中的老弱病残职工，由劳动部门督促原户资本家负责妥善处理；临时工、季节工按合同解雇；资本家非法安插的家属、亲信、亲友等则责成资本家负责处理。

第五，采取上述办法仍不能安置的职工，由劳动局登记救济，待机安置。

第六，对于不属于地方工业几个领域的10人以下的手工作坊，须由手工业管理局妥善安排生产，逐步走向合作化的道路。确实难以维持改造的个别户职工，劳动局可以登记，其中属于规律性的季节性的困难职工，则应依习惯暂回农村或暂营他业处理，以适当控制登记范围。②

（二）统包统配就业制度的形成

1. 包下来的范围越来越广，固定工越来越多

“包下来”的范围不断扩大，从最初的接收官僚资本主义企业内的职工和

---

① 北京市劳动局：“关于安排私营工业生产工作中安置职工的具体意见”，1955年8月18日，北京市档案馆馆藏档案，案卷号110－001－622。

② 北京市劳动局：“关于安排私营工业生产工作中安置职工的具体意见”，1955年8月18日，北京市档案馆馆藏档案，案卷号110－001－622。

旧军政人员，逐步扩大到公私合营企业社会主义改造后的职工、各高等院校和中专技校的毕业生、复员军人等。在对资本主义工商业的社会主义改造中，采取了按行业归口“包下来”的政策，将大批私营企业职工转入了公私合营企业和国营企业，几乎都是固定工。1955 年 8 月国务院在《关于中国人民解放军推出现役干部就业的指示》中，明确规定对于家居住在城市，具有一定文化、技术水平的复员军人，也要根据“归口包干、统一安排”的原则，由中央有关部门和地方各级政府部门分别对其归口安置到全民所有制企业单位当固定职工。即便是刑满释放的人员，也要求“在可能条件下，由劳动改造机关、劳动部门给以介绍就业”，事实上也实行了“包下来”的安置方式。

1957 年 3 月，国务院在批转劳动部的文中规定：“企业、事业、机关编余的人员，应该想办法在企业、事业、机关内部或部门之间调剂安排工作或组织他们学习，不得任意辞退。”同年 4 月，在国务院发出的《关于劳动力调剂工作中的几个问题的通知》中，又明确提出“各单位对于多余正式职工和学员、学徒，应该积极设法安置，如果没有做好安置工作，不得裁减”，并强调“企业、事业单位如果不按规定私招或随便辞退人员时，应视情节轻重由其上级主管部门或国家监察部门予以适当处理”。这些规定最终在微观层次上形成企业用工中的固定工制度。所谓固定工，是指经国家各级劳动人事部门正式分配、安排和批准招收录用，在全民所有制或城镇集体所有制单位中工作，并未规定工作期限的人员。[①] 固定工的最大特点是企业在用工方面“能进不能出”，不能以任何经济性原因裁减其剩余的职工。“一五”期间，固定职工增长很快，到 1957 年末，北京市国民经济各部门职工数为 1055785 人，其中固定工为 1023070 人。[②] 固定工制度，导致城市计划就业制度微观机制的形成。

---

① 庄启东：《劳动工资手册》，天津人民出版社，1984 年，第 378 页。

② 北京市劳动局：“1958 年国民经济各部门年末固定工及临时工人数”，北京市档案馆馆藏档案，案卷号 110 - 001 - 975。

2. 限制临时工

“一五”期间，一方面包下来的范围越来越广，固定工在扩大；另一方面试图做到临时工的统一招收和调配，对企业使用临时工进行限制，对临时工的招用程序、雇用期限等都进行了严格的规定。

1957 年初，国务院颁布的《关于有效地控制企业、事业单位人员增加，制止盲目招收工人和职员的现象》的第四条规定：需要临时工人，应从现有的企业、事业单位和国家及工作人员中进行调剂。无法调剂的，在严格控制的原则下，就地吸收；临时工的任用期限不得超过一个月，招收临时工必须签订劳动合同；现有的和新招的临时工都应当按照合同办事，不能转为正式工人。

根据中央精神，同年 2 月 25 日，北京市根据本市的具体情况对临时工人调剂和招收问题进行了详细的规定：

第一，市属地方国营、合作社营、公私合营的单位、事业单位（包括医院学校等）以及手工业生产社，因生产、业务需要，必须用临时工人时，在不超过年度劳动力计划的前提下，首先报经主管局、委、市社，在所属单位现有人员中进行调剂，无调剂对象的或经调剂后不足的部分，由主管局、委、市社报请市劳动局，在全市现有人员中组织调剂，全市现有人员不能调剂的或调剂不足时，由市劳动局根据严格控制的原则，批准从本市社会上吸收解决。凡经批准从社会上吸收的临时工，劳动局可视情况决定，由区劳动力介绍所供应，或由需工单位自行招用。

第二，商业、粮食等企业单位，为适应鱼虾、蔬菜水果、蛋品等季节性商品的挑选，加工、包装粮食翻晒倒仓，节日营业的需要，以及企业、事业单位、手工业生产社，因房屋、管道等建筑物和办公家具的修理，所需要的非生产非业务性的临时工人。需工单位可直接申请所在区劳动力介绍所供应，或经区劳动力介绍所同意后，自行招收。

第三，无论是劳动部门供应还是需工单位自行招收，均须严格遵守“就地吸收”原则，不得在市区以外招收。对在京的国营企业、事业单位和国家机关、团体、部队，根据“就地吸收”原则，除内部调剂外，也应按上述办法办理为宜，至于内部调剂范围，应限于本系统所属在京各单位的现有人员。需工单位必须与新招的临时工人签订劳动合同，并将自行招收的临时工人合同，分别报送市劳动局或区劳动力介绍所备案由劳动部门监督按合同执行。对现有的和新招的临时工，一律不能转为正式工人。①

1957年4月5日，北京市又对这些规定作了进一步的补充，市人民委员会下发了《关于临时工人调剂和批准招收程序的通知》，并要求“立即逐级贯彻执行”。一是规定凡是一次招收临时工在100人以下的，由市劳动局批准。100人以上的，由市劳动局请示市人民委员会决定；二是着重强调招用临时工须严格遵守“就地吸收”的原则，不得招收非本市的人员，同时对现有的和新招的临时工，一律不得转为正式工人。②

针对基本建设需要劳动力比较大的行业，如建筑安装企业、自营建设单位和市政建设单位，北京市对其临时工的招用也作出了明确的规定。这些规定主要体现在《北京市基本建设单位招用临时工人暂行规定》《北京市基本建设单位借调工人暂行规定》。需要临时工人的单位，应先编制包括需用的工种、人数、工作期限、需用条件等内容详细的需工计划，不得无故变更计划。各单位的需工计划统一由市劳动局进行平衡调剂。

这些规定使企业使用临时工时受到了限制，企业的用工自主权被逐渐剥夺。在执行的过程中也存在一些问题，如在临时工的雇用期限问题上，硬性规定是不得超过一个月，但这不符实际情况。一些单位的意见比较大，因为“基本建设、砖瓦生产的临时工一般都需要一个月以上，另外也有些一个月以

---

① 北京市劳动局：“北京市计划委员会对临时工人调剂和招收问题的请示”，1957年2月25日，北京市档案馆馆藏档案，案卷号110－006－891。

② 北京市劳动局：“北京市人民委员会关于临时工人调剂和批准招收程序的通知”，1957年4月5日，北京市档案馆馆藏档案，案卷号110－006－891。

上的临时工作，如冬季取暖烧锅炉，签订为期一个月的合同，工人怕期满后另雇他人，就不愿干”。[①]

（三）农村劳动力流动受到限制

从1953年初开始，农民盲目流入城市现象严重。大量农民流入北京市，到4月达1万人以上。[②] 北京市劳动局每天接待的来访农民人数达300—500人，其中要求介绍工作的农民占80%以上，这些农民绝大部分来自华北各省，以河北省的河间、任丘、顺义、曲阳、定兴等县的农民居多，少数来自江苏、浙江、安徽、山东等省。除了北京，在广西、四川等省也陆续出现了农民流入城市的现象。

农民流入城市的原因是多方面的。一是有些地区遭受了不同程度的灾害，农业减产，农民生活困难，因而到城里谋生。二是企业私自招工，使农民感到在城市找工作比较容易，促进了农民向城市的流动。三是在比较利益的驱使下，很多农民羡慕城市生活，自发转移到工业建设的行业中。江苏丹阳县某乡流入的农民说：“工人穿的呢服，着的皮鞋，吃的好的，我们只要着布衣布鞋，吃饱肚子就满足了。”流入北京的农民有的贩卖水果、鱼虾等，每天能赚三到四元，他们反映：北京工作好找，买卖好做，赚钱又多，又是现钱，比在家种地好得多。四是有些农民是历年习惯，到农闲挂锄期间外出。有些农民是为从事副业增加收入，由农业社有组织出来的。如河北大兴县六区榆垡乡农业社社长徐明带着30多人借农闲之余来北京找工作。

不少流入北京市的农民生活上很困难，“白天到处奔走，夜间挤在中华门、前门等门洞和古庙以及小店里，还有不少每天睡在车站的候车室里，有

① 北京市劳动局：“北京市计划委员会对临时工人调剂和招收问题的请示”，1957年2月25日，北京市档案馆馆藏档案，案卷号110－006－891。

② “北京市人民政府关于农民盲目流入京市情况和处理措施向华北行政委员会、政务院的报告”，1953年4月22日，北京市档案馆、中共北京市委党史研究室编：《北京市重要文献选编1953年》，中国档案出版社，2005年，第113页。

扶老携幼寄住达一个月以上；还有许多人成群结伙分住在郊区的破庙、窑洞、飞机窝里。他们生活都很苦，有的人一天只能吃一顿稀饭或煮萝卜，有的人连被褥衣服都卖掉了，有的人讨吃，有的人生了病，还有投靠亲友，把亲友的粮食都吃光了”。[①] 入城的农民也带来了社会管理等问题，“他们到京后，很多人从事投机倒卖活动，经常以买卖碎铜烂铁、青菜、瓜果等为业，高价出售，违法经营，有的不服从市场管理”。另外,“在城市，使失业人口增加，造成处理上的困难”。[②] 这就出现了农民自发进城与城市不容的矛盾。

为此，政务院多次在有关文件中提及阻止农民盲目流入城市的问题，规定各单位未经劳动部门许可或接受，不得擅自到农村招收工人。1953 年 4 月 17 日，政务院发布了《关于劝止农民盲目流入城市的指示》。为做好劝止工作，北京市成立各区动员农民返乡办公室，采取了如下办法：（1）对私自招用或预约的工人，一律责由各该单位“包下来”，如认为不需要时，由各该单位负责处理，动员其还乡，并发给路费。[③] （2）取缔无照商贩，打击严重违法的小贩，严格控制市场，从而打消农民资本主义经营商贩的思想，使他们感到只能回乡生产，别无办法。（3）请当地专、县派干部来动员，扭转农民的思想和消除顾虑，并由各县派来干部负责遣送安置工作。河北省人民委员会于 1957 年 4 月派来各县干部共 40 余人，协助本市动员农民回乡生产办公室进行大力动员，历时三个多月，已有一部分农民被动员回乡。（4）对遣送回乡的农民进行妥当的安置，具体解决他们的生活困难问题。到 1957 年 9 月，

① “北京市人民政府关于农民盲目流入京市情况和处理措施向华北行政委员会、政务院的报告”，1953 年 4 月 22 日，北京市档案馆、中共北京市委党史研究室编：《北京市重要文献选编 1953 年》，中国档案出版社，2005 年，第 113 页。

② “北京市民政局关于动员来京农民还乡工作报告”，1957 年 12 月 25 日，北京市档案馆、中共北京市委党史研究室编：《北京市重要文献选编 1953 年》，中国档案出版社，2005 年，第 913 页。

③ “北京市人民政府关于农民盲目流入京市情况和处理措施向华北行政委员会、政务院的报告”，1953 年 4 月 22 日，北京市档案馆、中共北京市委党史研究室编：《北京市重要文献选编 1953 年》，中国档案出版社，2005 年，第 115 页。

经政府补助路费遣送和自行回乡生产的共有 8046 人。[1]

（四）北京市劳动力市场的消亡

新中国成立初期，被战争破坏的国民经济需要恢复和发展；存在着以没收帝国主义和官僚资本主义方式建立起来的国营经济、私人资本主义经济、个体经济、国家资本主义经济和合作经济的多种经济成分；社会上还有几百万失业人员需要就业，国家还没有能力将所有人员都“包下来”统一分配工作。在这种客观环境条件下，国家倡导“介绍就业与自行就业相结合”的方针，企事业单位通过市场招工，劳动者通过市场就业，就是很自然的了。

1955 年以后，城市劳动力计划管理体制从灵活到刚化，劳动力市场从缩小到基本消失。一方面，由于第一个五年计划的实施，经济、社会各方面建设发展很快，对劳动力的需求量增大，促成失业问题基本上解决。到 1957 年，全国职工已增加到 3101 万人，其中全民所有制 2451 万人。1949 年至 1957 年增加了 1300 万人，不仅数百万失业人员基本上就业，每年新成长的劳动力也都走上工作岗位；另一方面，劳动力管理的灵活性逐渐减少。1955 年，中共中央在《关于第二次省、市计划会议总结报告》上批示：“一切部门的劳动力调配必须纳入计划，增加人员必须通过劳动部门统一调配，不准随便招收人员。”到 1957 年，基本上已过渡形成高度集中的以中央集权为特征的体制，自行招工、自行就业等办法已经不再使用，劳动力市场也随之不存在了。

1. 严禁“私招”

1955 年，国家废除“自行就业与介绍就业相结合”的就业方针，规定一切部门的劳动力必须纳入计划，不准随便招收人员后，用工单位的自行招工现象还大量存在。1957 年 7 月至 9 月，北京市建筑单位私招工人达 4000 人。

---

① “北京市民政局关于动员来京农民还乡工作报告”，1957 年 12 月 25 日，北京市档案馆、中共北京市委党史研究室编：《北京市重要文献选编 1953 年》，中国档案出版社，2005 年，第 916 页。

私招方式有通过工人介绍工人、工人带工人、公司指示工人介绍工人等。

北京市认为，企事业单位这种“私招”现象，违背了国家劳动力统一调配政策，也给限制农民盲目流入城市造成难度，对有效地控制首都人口的增加，缓和粮食、商品供应和城市公用服务事业的紧张状况，都带来了很大的困难，特别是不利于农业社的巩固，严重地影响农业生产。如大兴县五区的一个合作社，原有劳动力200余人，其中有四分之一流入市里，使该社大量土地不能适时播种。

私自招工造成了劳动力供应的“混乱”现象，为了克服这种招工混乱现象，北京市政府一再通令制止私招工人。1954年11月，北京市对本市国营、私营企业录用职工，作出了严格的规定：（1）凡国营、地方国营、合作社营和公私合营的企业，需用长期职工或一个月以上的临时职工，在10人以上的，都须向本局申请统一介绍；在9人以下的，可自行录用，但须先向本局备案。（2）凡私营企业，雇用长期职工或一个月以上的临时职工，在5人以上的，须向所在区区人民政府劳动科申请统一介绍，在4人以下的，可自行雇用，但须先向所在区区人民政府劳动科备案。（3）各企业自行录用的长期或临时职工，都须是本市的失业、无业人员，不得录用在职人员。（4）各企业如需赴外地招工时，须先报经本局批准。①

与此同时，市人民政府发布了《企业申请招工细则（草案）》，对招工单位作出了详细的规定：

（1）各企业应制定年度、季度需工计划，在上年度末、上季度末报送市劳动局。各专业公司所属厂矿或分支机构的需工计划，由公司汇总报送，合作社系统的需工计划，由市合作总社汇总报送。

（2）招工单位向市劳动局或所在区区人民政府劳动科申请招工时，须持

① 北京市劳动局：“关于本市国、私营企业录用职工的通告”，1954年11月15日，北京市档案馆馆藏档案，案卷号110-001-543。

有单位介绍信，并按实际需工人数和条件填写招雇职工申请登记表。招工计划不得变更，如因特殊情况必须变更时，须及时报经本局或区同意。

（3）招工单位向市劳动局申请招工时，由市劳动局指定各区或其他劳动力管理部门介绍供应，或由市劳动局介绍招工单位直接向相关部门办理招工手续。

（4）招工单位应按实际需要，择定招雇职工的条件，不得任意提高。

（5）招工单位如要求应招人员检查体格，应指定检查机构，并负担检查费用。

（6）招工单位应认真监察所录用职工的政治历史情况。

（7）应招人员如条件不合，可直接退回原管理部门，如条件适合确定试工，应于确定试工日起十日内，将试工公名单报送市劳动局。在试工期间，如发现有条件不适合的，须书面申述理由，报经市劳动局检查同意后，始得退回，逾期不报，由招工单位负责。

（8）试工期按照中央人民政府政务院 1954 年 7 月 14 日公布的《国营企业内部劳动规则纲要》第一章的规定执行。

（9）凡企业单位自行招雇职工，须按实际报雇案表，连同职工证明文件申请本局（区）备案，经同意后，始得录用。

（10）凡企业单位登报或张贴广告招考职工，须先报经市劳动局批准。

（11）凡经批准赴外地招工的单位，应将录用后的工资待遇等向应招人员交代清楚，如因交代不清引起纠纷，由招工单位负责。上述单位须将招工结果及时报送本局备案。

（12）凡行政机构、团体、学校、部队（后勤生产部门不包括在内）等部门需用职工，可在本市失业、无业人员中自行选用，如需劳动部门协助介绍，可按本细则办理申请招工手续。①

---

① 北京市劳动局：《企业申请招工细则（草案）》，1954 年 11 月，北京市档案馆馆藏档案，案卷号 110 - 001 - 543。

通过以上细则规定，北京市严禁企业自主招收职工，有效阻止了劳动力的自由流动。

2. 取缔“人市”

“人市”即劳动力自由市场。1956 年 7 月，北京市对全市的街头“人市”情况进行调查。根据调查结果可知，城区固定的“人市”有 7 处，每日都在早 6—8 点 30 分上市，人数经常在 1000 人左右。其中东四区隆福寺街、前门区虎坊桥、西四区羊市大街 3 个“人市”每日各有 150—200 人，西单区教育部街、崇文区崇外花园上市情况是流动的，经常和“人市”有联系的工人要大于此数。①

上市的工人大部分是修缮房屋的泥瓦工，瓦工约占 30%、壮工约占 50%、修理零活的木工约占 15%，其余是管子工、白铁工等，此外，交道口“人市”还有摇煤球工人 10—20 人。这些人员中本市的市民约占半数，有的是登记过的失业、无业人员，大部分是常年从事零散工和有营业执照的瓦木工，部分是三轮车工人、流动小贩等没落行业的人员，其中年老体弱（最大年岁的在 70 岁以上）不适合失业无业登记条件的占 20% 左右。其余半数是外地流入的人口，其中绝大部分是本市邻近各县的农民，以虎坊桥、崇文花园两处居多，均占每日上市人数的 80% 左右。天桥派出所管界的 29 户旅店，有 23 户旅店住有外地农民 200 多人。

“人市”上的工人没有技术等级，一般技术较差，只能做简单的技术活，技工找不到技术活时就自愿做壮工。工资也无规定，人多活少工资就低，但都高于本市建筑工人的工资标准，如壮工每日工资为 1. 3—1. 8 元，一般为 1. 4—1. 5 元，技工是 2. 5—3 元。修缮房屋的季节能找到活做的工人在 80% 以上。工人为了强揽活做，经常发生争执，“人市”上秩序极为混乱。②

---

① 北京市劳动局办公室编印：“关于本市街头‘人市’调查情况”，1956 年《劳动情况》第 43 期，1956 年 7 月 1 日，北京市档案馆馆藏档案，案卷号 110 - 001 - 679。

② 北京市劳动局办公室编印：“关于本市街头‘人市’调查情况”，1956 年《劳动情况》第 43 期，1956 年 7 月 1 日，北京市档案馆馆藏档案，案卷号 110 - 001 - 679。

北京市为此采取了一系列的措施，对“人市”坚决取缔，具体措施包括：对于上“人市”找工作的农民采取了集中收容、审查后遣送回乡的办法；对于在“人市”招工的单位，分情况进行了批评处理。另外，将来“人市”找工作中有本市户口的人抽调出来，组织成零星修缮、搬运等临时工，以解决机关单位和市民对零星修理、零星搬运等临时工的需要。通过这些措施，“人市”被逐渐消灭了。

四、就业增长、就业结构与劳动生产率的变化

在第一个五年计划期间，随着生产力的迅速发展，劳动就业岗位迅速增加，失业现象基本消失，就业人员数量不断扩大，就业结构发生了显著的变化。

（一）就业人数增加

“一五”期间，北京市劳动就业人数明显增加。1949 年全市社会劳动者人数为 153.3 万人，1957 年社会劳动者人数增加到 231.6 万人，社会劳动者人数净增加 78.3 万人。在就业数量变化中，突出的特点是城镇在职职工人数大幅度增加，占城镇人口的比重明显上升。1949 年全市城镇在职职工 31.8 万人，占城镇人口的 18.1%，1957 年在职职工人数上升到 108 万人，占城镇人口的比重增加到 31.7%；在职职工净增加 76.2 万人，增加 2.4 倍，在职职工占城镇人口比重增加 13.6%。[①] 到 1957 年底，北京市基本解决了新中国成立前遗留下来的严重失业问题。

这一时期，就业人数的不断增加，主要原因在于随着北京市工农业生产和其他建设事业发展，提供了就业机会，安置了大量的新旧人员。同时，北

① 范瑾、张大中、徐惟诚主编：《当代中国的北京（下）》，中国社会科学出版社，1989 年，第 417 页。

京市对私营企业的资方人员采取了“包下来”的政策。

（二）就业结构变化

城市就业人员的产业结构。1949 年，全市农业劳动者占社会劳动者总数的 71.7%。在 1 万余家工业户中，绝大多数是手工作坊，资本主义民族工业很少，工业职工占全市职工总数的三分之一左右。在 3 万余家商业户中，绝大多数是遍布全市的小零售、服务行业。按新的产业类型划分，属于第一产业的占大多数，比重为 71.8%，第三产业 17.6%，第二产业 10.6%。[①] 这说明新中国成立初期不仅劳动力参与社会劳动的比率很低，主要集中在第一产业，第二、第三产业所占比重很低，当时经济还处在很落后的状态。以农业人口比重来看，从 1953 年的 52.9% 下降到 1957 年的 44.9%，5 年下降了 8 个百分点，[②] 这说明，随着北京市工业的迅速发展，非农业人口的比重在不断增加。

城市就业人员的部门结构。新中国成立以后的 7 年中，城镇就业结构开始发生较大的变化，在各个产业部门中，工业部门的就业人员比例始终占首位。1949 年，工业部门就业人员占总就业人员的 36.1%，到 1975 年达到 46.9%，几乎占了半数。由于城市建设的需要，建筑部门的就业人员比例增加较快，1949 年仅占 1.6%，到第一个五年计划结束时，1957 年占 13.5%。商业服务部门在新中国成立初期由于网点多，从事这个部门工作的人员多，就业人员比例较大，1949 年为 27.9%，此后经过私营企业和个体经营户的社会主义改造，新建一些大型商场和服务企业，网点大大减少，从业人员下降，到 1957 年就业人员比例下降到 15.2%。[③]

---

① 北京市统计局编：《北京四十年——社会经济统计资料》，中国统计出版社，1990 年，第 444 页。

② 北京市统计局编：《北京四十年——社会经济统计资料》，中国统计出版社，1990 年，第 54 页。

③ 北京地方志编纂委员会编：《北京地方志·综合经济管理卷·劳动志》，北京出版社，1999 年，第 13 页。

城市就业人员的所有制结构。第一个五年计划时期，对农业、手工业和资本主义工商业的社会主义改造，导致我国所有制结构和生产关系发生剧烈变化。各种个体和私营的经济形式逐渐被限制和消灭，全民所有制和集体所有制经济迅速发展。在国营、公私合营和合作社经济中就业的职工人数迅速增加，而在私营经济中就业的职工人数和个体劳动者人数迅速下降。城镇就业人员中，除个体劳动者外，一般都属于职工。1949—1956 年，北京市尚存在私营企业，前两年私营企业职工还占全市职工总数的半数以上（1949 年占 60. 3%、1950 年占 57. 9%），此后逐年下降，到 1956 年仅占 5. 2%。在这一时期开始时，公私合营企业还很少，到 1955 年合营企业职工只占职工总数的 3. 6%。到 1956 年私营企业实行全行业公私合营以后，合营企业职工所占比例增长到 16. 3%。[①] 1958 年以后，合营企业与原个体经营户通过不同渠道分别转为全民所有制和集体所有制单位。自此以后，全民所有制职工占职工总数的比例一般都在 80% 以上。

在全民所有制单位就业的固定职工占就业人口的绝大多数，这些单位每年通过招收新职工、接受统一分配的复员转业军人和大专、中专及技校毕业生、从外省市调入和集体所有制职工转入等渠道增加职工；又通过职工退休、退职、参军、上大学、精简职工或暂时列入编制以外、离职或被辞退、调到外省市、死亡等渠道减少职工。

1949 年北京市和平解放后，社会上存在大量的个体手工业者，当时对个体手工业者实行积极扶持和发展的政策，组织已失业的手工业者参加手工业生产合作社（当时个体手工业者人数没有确切的数字）。1953 年以后，手工业合作化迅速发展，到 1956 年合作化高潮时，全市手工业者都进入了合作社。1956 年至 1978 年中，全市已没有合法的个体劳动者。

① 北京地方志编纂委员会编：《北京地方志·综合经济管理卷·劳动志》，北京出版社，1999 年，第 15 页。

（三）劳动生产率

第一个五年计划期间，北京市劳动生产率大大提高。1952 年，北京市国民经济各部门职工为 90720 人，1957 年为 277788 人，增加 187068 人，增长 206. 2%。其中，1952 年生产工人为 62689 人，1957 年为 187057 人，增加 124368 人，增长 198. 4%。北京市工业总产值 1952 年为 44868 万元，1957 年提高到 204226 万元（不包括私营工业和手工业），产值增加 159358 万元，增长 355. 2%。

1952 年全员劳动生产率为 4946 元，1957 年为 7352 元，增加 2406 元，增长 48. 6%，每年平均发展速度为 8%。

1952 年工人劳动生产率为 7157 元，1957 年为 10918 元，增加 3761 元，增长 52. 5%，每年平均发展速度为 8. 5%。

在第一个五年计划期间所增加的产值，由于提高劳动生产率而增加的产值占 41. 9%，由于增加职工而增加的产值占 58. 1%。工人劳动生产率影响产值增加占 44. 1%，增加职工影响产值增加占 55. 9%，即产值和劳动生产率的关系是产值提高 1%，劳动生产率提高 0. 4% 左右，人员增加 0. 6% 左右。

地方工业的产值与全员劳动生产率的比例高于中央企业，地方工业为 1∶0. 53，中央工业为 1∶0. 27。①

① “北京市劳动局、北京市财政局第一个五年计划”，1958 年 7 月 24 日，北京市档案馆馆藏档案，案卷号 005 - 001 - 337。

第三章

“大跃进”运动时期（1958—1960）

1958年，国家开始3年的“大跃进”，北京市提出由消费型城市迅速向生产型城市转变的目标。由此，城市经济发展对劳动力的需求在极短时间内迅速膨胀起来。北京市在业人员在短短3年里增加了近70万人，增长58.8%。从外省市农民中招收的工人、从家庭中动员出的妇女和每年新成长的劳动力，是这3年大量增加职工的主要成分。劳动力需求的大量增加，使得政府下放了劳动力的统一招收和调配权力，并允许各企事业单位从社会上招工，同意农民进城工作，带来了大招工，进而导致职工人数快速增长。这一时期，北京市就业的显著变化为：开展技术革命，深挖劳动力潜力；组织居民和职工家属参加劳动；动员妇女参加劳动生产；加强对郊区劳动力状况的调查；市郊区间、企业间、周边城市间劳动力流动加强；技工学校迅速发展；就业出现了畸形结构。

一、城市劳动力需求的急剧膨胀

1957年，第一个五年计划胜利完成。1958年5月，中国共产党第八次全国代表大会第二次会议通过了“鼓足干劲，力争上游，多快好省地建设社会主义”的总路线，提出要使我国在15年或者更短的时间内，在主要工业品产量方面赶上或超过英国。这条总路线一方面反映了我国广大人民群众迫切要求改变我国经济、文化落后状况的强烈愿望；另一方面又是急于求成的“左”倾思想膨胀的产物，偏离了八大会议确定的正确路线。八大二次会议后，全国各条战线迅速掀起“大跃进”的高潮。1958年8月，中共中央政治局在北戴河举行扩大会议，确定了一批工农业生产的高指标，还决定在全国农村普遍建立人民公社。接着，在全国很快形成了人民公社化运动。以高指标、瞎指挥、浮夸风和“共产风”为主要标志的“左”倾错误严重泛滥开来。为了适应“大跃进”形势，国务院提出第二个五年计划期间要改变劳动力的冻结政策，大量增加劳动力，以适应大发展的需要。当时认为城镇每年新成长的100多万个劳动力远远不能满足用工需要。

1958年开始的“大跃进”，使北京市劳动力的供求出现了急剧的变化，劳动力需求急速上升。工业急需工人，徒工供不应求，原本应该在学校上学的中学生也被大量招入工厂。在劳动力供求失衡情况下，很多企业单位之间出现挖雇职工和私自招工情况。城市经济对劳动力的需求在极短时间内迅速膨胀起来。

（一）城市劳动力需求状况

徒工供不应求。由于工业的飞跃发展，徒工需求量增加，特别是机械、电工、化学工业等部门需要的工人供应不上。徒工的培养一般需要两到三年，一些部门缺乏技术工人而使生产遭受损失，因此这成为当时比较棘手的问题。1958年因为新建和扩建的需要（见附录三），北京市各部门须增加徒工7.5万人，其中，1958年有70个工厂投入生产，包括新建的染纱、氧气、糖醛、毛巾等15个工厂；扩建的化学试剂、清河制呢厂、综合仪器、木材等55个工厂，需要增加徒工1.5万人；定在1959年和1960年投入生产的有41个工厂，包括北京钢厂、合金钢厂、化工设备厂、开关板厂、塑料厂、四万纺锭尼龙厂和化学纤维针织厂等，需要徒工5.5万人；原有400多个厂因扩大生产和支援新厂及区乡工业，需要增加徒工5000人。①

对于7.5万人的徒工需求量，北京市只能够解决8000人，还有6.7万名徒工无法供应。即便经中央批准后从社会上招收，但从当时社会上的劳动力

① 北京市劳动局：“关于北京市需要的徒工和解决意见的报告”，1958年6月7日，北京市档案馆馆藏档案，案卷号110－001－902。

资源来看，按年龄适合做徒工的约 1.5 万人，加上暑假毕业的初高中生约 1 万人（其中还有不够就业年龄的），总的劳动力资源能够解决工业需要的徒工只有 3.5 万人左右，在数量上也还不能满足工业部门的需要。

除了进一步挖掘现有人员的劳动潜力外，如果不从外地招工，要完全解决工业发展的劳动力（主要是徒工）是不可能的。第一，北京市农业的特点也是劳动力不足，并且区乡工业当年需要 4 万多人，除从市内挤出约 1000 名技术骨干外，其他需靠农业社员。第二，之后还应大力精简机关干部和企业的非生产人员，但这些多出的力量可能还不能满足因新建、扩建工业企业而产生的对行政管理人员的需要。第三，商业部门由于城市人口增加需相应扩大和调整商业网并兼办工业，也就不会抽出更多的人员来支援工业部门。因此，对解决劳动力问题除了工业部门进一步挖掘劳动潜力外，需要的徒工只能用以下的办法解决：加强现有人员的调剂平衡工作，尽可能地抽出一些适合的徒工支援工业（但解决问题可能性不大）；把社会上等待就业的约 1.5 万名的男女青年先用技术补习班的办法招收进来加以培训；不能继续升学而又够就业年龄和条件的毕业生（约 1 万人）全部由厂矿招收培训；不足的 3 万—4 万人允许从外地或郊区农村招收。①

工业急需要工人，劳动力紧张。1958 年 10 月底，中央和北京市所属国营企业、事业单位提出需工 23.3 万多人，已经调配解决了 14 万多人，这 14 万人的来源，除了由企业、事业单位在职人员中调剂解决 1.5 万多人，接受复员转业军人 5800 多人和从外地招收青年 3 万多人，城郊区供应了 8 万多人，还有 4 万多人，经各区多次动员后仍然无法供应。② 为此，1958 年 11 月 12 日，北京市劳动局党组向市委发出《关于解决当前工业急需要工人的请示》，

① 北京市劳动局：“关于北京市需要的徒工和解决意见的报告”，1958 年 6 月 7 日，北京市档案馆馆藏档案，案卷号 110 - 001 - 902。

② 北京市劳动局：“关于解决当前工业急需要工人的请示”，1958 年 11 月 12 日，北京市档案馆馆藏档案，案卷号 110 - 001 - 902。

要求由城区通过以家庭妇女顶替一部分商业、服务业、轻工业中的青壮年人供应一部分劳动力外，余下部分从农村招工。

在校中学生提前流入工厂。由于工厂缺工严重，有些工厂开始从学校中自行招收在校学生，来缓解用工紧张的局面，同时，有些学生因为家庭困难等原因也自愿要求提前进入工厂工作。从1957年9月到1958年9月这一年时间内，除暑假有计划分配到工厂的初中毕业生8000人外，全市初中学生在校人数减少了14800人，高中学生减少了1000人，其中除少数因体弱多病或其他特殊原因退学外，大部分学生先后零散进入了工厂。1958年9月以后，在校学生人数继续减少，朝阳、东城、海淀三区少了1500人，崇文、宣武、西城、丰台四区27个学校少了960人。档案材料显示，朝阳区离校的学生主要是进入了有线电场、无线电器材厂、电子管厂和国棉一二三厂。东城区24中有171名学生离校，分别进入了车厂、电子管厂、钟表厂等工厂。①

学生无计划地流入工厂，主要原因是缺乏统一安排，工厂就自行招收学生；有些学生要求工作，也自动找到工厂。这种情况，对生产与教育都带来了不利的影响：1957年9月以来，中学在校学生减少了一两万人，数量很大，但是这些学生都分散了，没有能够有计划地投入最急需的工厂，造成劳动力的极大浪费；学生今天走几个，明天走几个，这个学校走几个，那个学校走几个，学校无法调整班次，全市走了这么多学生，教育经费、师资和设备却一点省不下来，也造成了师资的浪费；学生经常流动，要求退学的学生不安心学习和劳动，对其他学生的学习情绪也有很大影响。学生这样无计划地流入工厂，引起工厂和学校之间、学校师生之间互相有意见。

为了改变这种情况，北京市规定，工厂如果需要从学生中招收工人，应当在暑假以前向市劳动局提出计划，经市委批准后，由劳动局和教育局统筹

① 北京市劳动局、北京市教育局："关于中学生流入工厂的报告"，1958年12月11日，北京市档案馆馆藏档案，案卷号110-001-902。

办理。任何工厂未经市委批准，一律不得自行招收在校学生。

但是当时，确有少数学生家庭困难，急需参加工作，同时北京滚珠轴承厂、北京化工厂、有线电厂、国棉二厂4个试验半工半读的工厂也需要招收约4000名学生，① 因此北京市决定将确实需要参加工作的学生送到这四个工厂半工半读，其余的学生则由学校做思想工作，让他们安心学习。

单位私自招工和挖雇在职工人情况严重。自工农业“大跃进”以来，由于劳动力紧张，有些企业、事业单位私自招收工人或从其他单位挖雇在职工人。为此，北京市劳动局于1958年8月13日和10月9日先后发出《关于制止单位不得自行招收外地人员和挖雇在职人员的通知》。但有的单位仍不择手段，到处招人拉人。私自招工和挖雇在职工人的办法，大体上可分为以下几种：

第一，发动本单位职工写信或通过亲友、老乡关系串联招工，或采取公开、半公开方式登记招收盲目流入本市的农民。北京市第四建筑工程公司自1958年8月13日至11月底，公司和工地自行招收工人2292人，其中职工家属约600人，其余则为通过工人串联而招入的工人和吸收盲目流入本市的农民。对招收的工人绝大多数没有签订劳动合同。北京市第五建筑工程公司自1958年8月13日至11月底自行招收工人2223人（职工家属623人），其中以综合加工厂招收较多，共1051人，其次体育馆工地招收426人。第二建筑工程公司于11月22日至25日，指派玻璃工郎和祥在东直门外左家庄第二小学内办理公开登记招工，共招收约300人，登记条件是只要有行李就行，这些人60%以上没有任何证明，有的是从新都砖瓦厂、石景山钢铁公司跳厂来的，有的是从农村新来的，有的是民政局曾经组织参加劳动挣够路费即应回家的流入城市农民，如河北定县刘文祥就是这样被该公司吸收了。朝阳区劳

① 北京市劳动局、北京市教育局：“关于中学生流入工厂的报告”，1958年12月11日，北京市档案馆馆藏档案，案卷号110－001－902。

动力介绍所于 11 月下旬调查本区的企业、事业、机关的 34 个单位录用临时工共 2075 人，其中具有本市户口的 1524 人，外省市的 511 人，这些工人只有 77 人是经劳动部门介绍的，其余都是没有经正式手续而从各方面通过各种方式招收的。[①]

第二，以批准招收职工为由，张贴招工广告，私招外地人员。如北京电子管厂 1958 年批准增加工人 5234 人，截至 1958 年 12 月共招收 5989 人，超过批准人数 755 人，属于私自招收的有 1138 人。其中该厂在原有 40 多名修缮工人基础上，成立了基建大队，现有工人 579 人，而自行招收的达 479 人。[②] 这些人绝大多数没有签订合同，同时该厂在招收工人时，由于审查不严，将其他单位的在职工人也吸收了。

第三，以提高工资待遇等条件挖雇其他单位在职工人。如轻工业部干部学校于 1958 年 11 月通过建材干校工人，暗地吸收通州申机修造厂、电厂的工人，答应将原工资 64 元提高到 81 元。[③]

之所以发生私自招工和挖雇在职工人，是因为有的单位劳动力紧张，生产任务重，急需工人；有的单位劳动力使用不合理，浪费的现象普遍存在。但私自招工和挖雇在职工人所带来的不良影响是巨大的，当时北京市政府认为，“这种不顾国家政策法令、不顾整体私招乱雇的结果破坏了劳动力的统一规划、合理安排。会引起农民盲目流入城市，影响城乡关系和工农关系，同时也会助长某些工人个人主义和经济主义的滋长，特别值得注意的是，会使有些坏人乘机混入，造成队伍不纯，给工作和生产造成困难和损失”。[④] 为此，

---

① 北京市劳动局：“关于制止单位私自招工和挖雇在职工人情况的报告”，1958 年 12 月 17 日，北京市档案馆馆藏档案，案卷号 110 - 001 - 902。

② 北京市劳动局：“关于制止单位私自招工和挖雇在职工人情况的报告”，1958 年 12 月 17 日，北京市档案馆馆藏档案，案卷号 110 - 001 - 902。

③ 北京市劳动局：“关于制止单位私自招工和挖雇在职工人情况的报告”，1958 年 12 月 17 日，北京市档案馆馆藏档案，案卷号 110 - 001 - 902。

④ 北京市劳动局：“关于制止单位私自招工和挖雇在职工人情况的报告”，1958 年 12 月 17 日，北京市档案馆馆藏档案，案卷号 110 - 001 - 902。

北京市作出如下规定：

第一，各企业、事业单位在劳动力调配管理工作上，要政治挂帅，发动现有员工，结合技术革命，掀起调整劳动组织，挖掘劳动潜力的群众运动，力求做到劳动力使用安排更加合理，少从或不从社会上招工。凡确实需要从社会上招收工人的单位，必须报请市委批准，由劳动部门统一调配供应。否则，任何单位均不得私自招工，包括吸纳职工家属。

第二，对已经私自招工或挖雇在职工人的，规定按下列办法处理：各单位对本单位未经批准自行招用人员的情况进行一次检查，如发现招用其他单位在职工人，原则上应送回原单位，如征得原单位同意，招用单位可以继续留用；未经劳动部门批准招收郊区和外地农民，如持有外出工作的证明文件，可以继续留用，但需签订劳动合同；招收本市城区具有长期户口的求职人员，可允许留用。

第三，今后关于批准单位“自招备案”的手续，必须根据批准的需工计划，报经劳动部门先行批准，才得自行招收工人，否则一律不得自招。①

（二）缓解劳动力紧张的主要措施

1. 开展技术革命，深挖劳动力潜力

随着工农业生产的跃进，各企业单位需工的数量逐月增加，劳动力紧张成为十分突出的问题。一些企业单位还在继续伸手要人，甚至有的还私招、乱拉工人，把增加劳动力作为完成生产任务的唯一办法。针对此种情况，北京市委于 1958 年 11 月初开始号召开展技术革命运动，要求各企业单位通过开展技术革命，挖掘各单位劳动力潜力，节省劳动力，来解决劳动力紧张的问题，以完成生产跃进计划。

1959 年 12 月 17 日，北京市劳动局对全市劳动力资源情况进行了综合调

① 北京市劳动局：“关于制止单位私自招工和挖雇在职工人情况的报告”，1958 年 12 月 17 日，北京市档案馆馆藏档案，案卷号 110－001－902。

查，在对街道工厂、社会无业人员和复员军人、毕业学生的情况进行了详细调查的基础上认为，街道工厂现有劳动力潜力很大，有许多人还没有充分发挥其作用，除保持街道生产骨干不动外，还有27%的人员适合输送到国营企业工作，[①] 以做到深挖劳动力潜力。

为了节约劳动力，北京市提倡用半机械化、机械化代替笨重劳动和手工操作的做法。京西矿务局、北京开关厂、北京铁路管理局等单位，在这一方面提供了鲜明的范例。京西矿务局参加生产工人共15540人，其中从事笨重劳动的工人约7700人，占总数的50%左右；从事手工操作的工人4400人，占总数的28%左右。[②] 开展技术革命运动以后，该矿把笨重劳动概括为“推、抬、擢、扛、背、抱、砸、端、挖、抡”十个字，发动群众进行猛攻，到12月12日，全局已有5388人摆脱了笨重劳动，占原有笨重劳动总人数的71.2%，节省劳动力765人。[③] 矿务局把已经节省下来的劳动力分别分配到新成立的生产小组，补充旧有人员不足的小组，支援基本建设，满足了矿务局的劳动力需要。北京开关厂通过技术革命，在生产和节省劳动力方面也取得很大成绩。该厂在开展技术革命以后，经3天群众性的放射技术革命卫星运动，全厂由70%手工操作进步为基本上达到机械化，日产值较原计划提高8倍，原计划到年底需增加300多名生产工人，现在不仅不需要增加，而且可以抽出160多人到新建的高压开关车间去。

这些单位的做法使北京市进一步认为，通过大搞技术革命，在现有职工总数中节省10%至15%的劳动力是完全可以做到的。全市工业、交通运输业、建筑业70万人的产业大军中，约有一半的人从事笨重劳动，如果从当时

① 北京市劳动局：“关于本市各企业单位开展技术革命，节省劳动力情况的报告”，1958年12月24日，北京市档案馆馆藏档案，案卷号110－001－902。

② 北京市劳动局：“关于本市各企业单位开展技术革命，节省劳动力情况的报告”，1958年12月24日，北京市档案馆馆藏档案，案卷号110－001－902。

③ 北京市劳动局：“关于本市各企业单位开展技术革命，节省劳动力情况的报告”，1958年12月24日，北京市档案馆馆藏档案，案卷号110－001－902。

现有职工中节省出10%劳动力，就有7万名劳动力。①

北京市认为已经开展的技术革新运动发展还很不平衡，不少单位离基本消灭笨重劳动还有一定距离，从全市来看，从事笨重劳动的工人还有一半左右没有得到解脱，因此，劳动潜力还大可挖掘。从技术革命运动总的趋势来看，以机械代替笨重劳动和手工操作，从半机械化向机械化发展，从机械化向半自动化、自动化发展，生产效率越来越高，可以节省的劳动力就会越来越多。许多已经机械化的工厂企业，同样可以而且需要开展技术革命，同样可以挖掘大批劳动潜力。

考虑到劳动力紧张的局面一直存在，北京市要求各企业单位应当进一步深入地结合技术革命运动，改善劳动组织，挖掘劳动潜力，合理使用劳动力以解决劳动力紧张和劳动资源不足的问题，为更大的跃进准备条件。

为进一步节约劳动力，北京市工业企业系统专门开展了以反劳动力浪费为中心的群众运动。对北京钢厂、北京电子管厂等大型企业，通过发动群众、务虚讨论的方式，揭发在劳动力管理和使用方面存在的问题，例如存在层次多、非生产人员多、无定员或定员管理不严、定额偏宽、辅助机构多、人浮于事等现象。重点检查了因生产组织不善带来的窝工、停工、缺勤现象，据长辛店机车厂货车、工具、锅炉、加工等6个单位的调查统计，1960年1—9月份共有12164工日被停工、窝工、缺勤占用，平均每天折合53人未参加生产。②

通过挖掘各企业单位的劳动力，对于减少劳动力浪费，节约劳动力，“保证国家生产事业计划的实现，首先是保证钢、煤、粮、棉四大指标，促使国民经济更快更好更全面的跃进”③，起到了一定作用。但是，通过大搞群众性

---

① 北京市劳动局：“关于本市各企业单位开展技术革命，节省劳动力情况的报告”，1958年12月24日，北京市档案馆馆藏档案，案卷号110-001-902。

② 北京市劳动局：“关于工业企业劳动力浪费现象的主要表现综合报告”，1960年12月16日，北京市档案馆馆藏档案，案卷号110-001-1165。

③ 北京市劳动局：“劳动局党组关于1959年劳动力安排的意见”，1959年3月25日，北京市档案馆馆藏档案，案卷号110-001-984。

技术革命运动，用机械化、半机械化代替手工操作、基本消灭笨重劳动的做法具有盲目性，也脱离当时实际情况。

2. 组织居民和职工家属参加劳动

1958年7月，中共中央副主席刘少奇到石景山钢铁厂视察时，提出要以工厂为中心、工厂与农村相结合的方式，组织职工家属与居民参加生产劳动。此后，中国共产党北京市委根据这个指示，分别在石景山区和海淀区选点试行。在石景山区以石景山钢铁厂为中心，与该厂所在地的中苏友好人民公社共同负责组织职工家属参加生产劳动。当时，公社有农业人口8.2万余人，其中钢铁厂职工家属1.7万多人，先将集中住在厂职工宿舍区的6800名职工家属组织起来，编成家属生产大队，派到工厂学习技术，做合同工和临时工的有4000多人，派到商业部门当售货员的有500多人。为解决职工家属参加劳动后家务劳动遇到的困难，办起食堂、托儿所、生活服务站45个。对分散住在农村的职工家属，由公社生产队建立自负盈亏的生产、服务组织。在海淀区，以清河毛纺厂为中心，与清河镇人民公社共同组织在镇居住的毛纺厂职工家属和无业居民中有劳动能力的938人参加生产劳动，其中240名家属由毛纺厂工会组织到厂内参加生产劳动，其余698人由镇人民公社负责组织，有126人办起食堂、托儿所、洗衣组为社会服务，其余572人由镇公社安排到工厂学徒或做合同工、临时工。东城、西城、崇文、宣武4个城区也分别选择一个街道进行试点，并很快在全区普遍组织，形成高潮。到1958年底，4个城区共动员无业居民19.4万人，除输送给国营工业、商业部门工作的3万人外，其余16.4万人分别组建工厂和生产小组4450个，组建各种服务站1021个、食堂388个，入伙人数达16万多人，此外还有浴池、理发室和开水站等服务组织。全市凡是有劳动能力但是没有就业的人员，几乎都被动员出来。[①]

① 北京地方志编纂委员会编：《北京地方志·综合经济管理卷·劳动志》，北京出版社，1999年，第39页。

1958年以后几年的发展，不少工厂初具规模，后来普遍形成区属工业。各街道服务组织普遍形成“三站两代一所”的格局，即修理服务站、红医站、校外活动站、代销店、代营食堂、托儿所。

3. 动员妇女参加劳动生产

1958年下半年，劳动力需求急速上升，家庭主妇也被动员起来，走上工作岗位。为了适应工业发展的需要，北京市曾采用从商业、饮食、服务及其他行业中以妇女顶替一些男性青壮年的做法，取得了良好的效果。此外，北京市通过建立妇联组织，坚持以生产为中心，积极组织妇女参加生产的各项建设，广大女职工对完成首都的生产计划起到了重大的作用。

1958年6月29日，中共中央在转发劳动部党组对于当前工业企业补充劳动力问题向中央的请示报告中指出：“解放妇女劳动力是挖掘城市中劳动力潜力的一个重点。”① 北京市妇联指出：“当前党的中心任务是贯彻执行社会主义建设总路线，动员一切劳动力量支援工业建设，妇女是劳动力的后备军，因此妇联的任务也应该以发动妇女参加以技术革命和文化革命为中心内容的社会主义建设，解放妇女劳动力，支援工业建设为中心，是最新的任务。”②

1958年7月18日，晓梅在全国妇女工作会议上的发言中提出：“以组织生产为中心，围绕着生产组织生活，彻底解放妇女劳动力，是街道工作的方向，也是城市妇女工作的方向。”③ 同年8月北京市第四届妇代大会召开，重申当前北京市妇女工作的任务是“发动和组织广大妇女积极参加工农业生产和各项社会主义建设事业，积极参加技术革命和文化革命，根据生产的需要，

---

① 中国社会科学院、中央档案馆编：《1958—1965中华人民共和国经济档案资料选编·劳动就业和收入分配卷》，中国财政经济出版社，2011年，第160页。

② 北京市妇女联合会：“总结‘大跃进’以来妇女工作参考资料之三　一九五八年——一九六一年市妇联对妇女工作任务、年度、季度计划中中心工作的提法和要求及历年的大事”，1961年10月，北京市档案馆馆藏档案，案卷号084－002－168。

③ 北京市妇女联合会：“总结‘大跃进’以来妇女工作参考资料之三　一九五八年——一九六一年市妇联对妇女工作任务、年度、季度计划中中心工作的提法和要求及历年的大事”，1961年10月，北京市档案馆馆藏档案，案卷号084－002－168。

积极地把妇女的家务劳动变成集体化的社会劳动，进一步解放劳动力，向妇女进行共产主义教育，进一步促进妇女的思想解放”。[①]

北京市从1956年11月开始逐渐建立乡妇联。乡妇联是乡村妇女群众的组织，它的工作对象包括全乡的妇女群众，即农业合作社女社员、个别未入社的农妇、非农业户的家庭妇女。它的主要任务是发动妇女群众积极参加农副业生产、教育妇女群众，提高社会主义觉悟；关心与帮助解决妇女群众的特殊问题，维护妇女儿童合法权益。[②]

乡妇联的组织形式是从农业社女社员和非农业户的妇女中各选出一定数量的妇女代表组成。乡妇联的成员和农业社的领导骨干互相兼职，由农业社的各级领导干部兼任乡妇联的部分成员，乡妇联主任应由脱产的党总支妇女委员、女乡长或女副社长兼任。工作方法是由社管委会统一研究布置工作。妇联不单独进行布置检查。

人民公社建立后，家务劳动社会化和动员妇女参加生产劳动、技术革命已成为全党、全社会的任务。妇联基层组织究竟是取消还是过渡一段时间，成为当时争议的问题。公社建立后，基层妇女组织不宜马上取消，需要有一段时间过渡。因为公社建立以后，有关妇女工作的主要任务虽然已由党委和公社来做，但因公社刚刚建立，还有不少问题需要解决，在公社巩固过程中，还可能产生一些新的问题需要研究解决，因此在公社里仍需要有妇女组织，了解研究妇女群众的要求和问题，并将其提供给党委和公社的有关部门来解决。保留区妇联组织，主要开展调查研究、总结经验、培养典型等工作。

随着公社化的实现，动员妇女参加生产劳动、参加技术革命、办好集体福利事业，以及有关妇女劳动保护等已成为全公社的任务。为了更好地发挥

---

① 北京市妇女联合会：“总结‘大跃进’以来妇女工作参考资料之三　一九五八年——一九六一年市妇联对妇女工作任务、年度、季度计划中中心工作的提法和要求及历年的大事”，1961年10月，北京市档案馆馆藏档案，案卷号084－002－168。

② 北京市妇女联合会：“总结‘大跃进’以来妇女工作参考资料之一　一九五六年——一九五九年有关基层妇女组织的档案材料摘要”，1961年9月，北京市档案馆馆藏档案，案卷号084－002－168。

妇女在生产上的作用，以及办好集体生活福利事业，妇联组织仍有必要在公社党委领导下，继续发挥作用。公社妇联应以发动妇女参加生产为中心，以集体生活福利事业为工作重点。

完备的基层妇女组织为动员妇女参加“大跃进”运动提供了制度保障。妇联发动妇女的主要做法有以下几个方面：首先，在女职工中宣传总路线。自总路线公布后，市、区妇联协同工会及有关部门召开了全市厂矿、企业、财贸系统、手工业女社员贯彻总路线的誓师大会，号召全市女职工要砍掉自卑，树立敢想、敢说、敢干的社会主义风尚，积极投入技术革命运动。如宣武机械厂电工贝淑仪和男工朱培钧合作，苦心钻研，主要利用废料试制煤气机马力试验并获得成功。西城区民用灯具厂、缝纫一厂、美术印刷厂 3 个厂统计的女工和男工一起发明创造的新工具有 1300 多件。华北无线电器材厂二分厂的女工和男工一起，在 1958 年实现了 1500 多项技术革新，全年试制出 70 多种新产品。[①]

其次，培养女职工中的先进，以及树立标兵是发动女职工投入运动的基本方法。在全市 1958 年底共评选出的 54898 名先进生产（工作）者中，女职工有 8747 人，占 15.9%。在纺织系统中，评出先进生产（工作）者 6370 人，其中有女性 3534 人，占 55.4%。[②] 在女工方面抓典型、抓先进，通过召开现场会议、经验交流会、短期集训等方式总结和推广她们的工作经验。如东城区妇联深入帆布制品厂帮助该厂女工委员开展女工工作，并在该厂召开了由全区各女工委员参加的现场会议。该区自 1958 年“大跃进”到 1959 年 4 月份为止，共召开了 4 次全区女工委员会议交流女工工作经验，对全区女工工作起到指导和推动的作用。西城区在 1958 年 4 月份协同区工会也召开了全区

① 北京市妇女联合会：“‘大跃进’以来妇联如何做女工工作”，1959 年 6 月 24 日，北京市档案馆馆藏档案，案卷号 084－002－174。

② 北京市妇女联合会：“‘大跃进’以来妇联如何做女工工作”，1959 年 6 月 24 日，北京市档案馆馆藏档案，案卷号 084－002－174。

女工委员会议，由先进工厂、商店女工委员介绍女工工作经验，运用了以点带面、以先进带动一般的方法，女工工作就普遍开展起来了。

最后，根据当时跃进形势要求，召开了第四届妇代大会，“这次大会是全市妇女跃进成绩的一次检阅大会，是继续动员全市妇女力争上游的誓师大会”。会后又对精神进行了广泛的传达，市里有14个产业工会召开了传达会。从区到基层也都运用了传达会、大字报、黑板报、广播等各种形式进行传达，全市有70%以上女职工收到传达。传达鼓舞了女职工的生产热情，广泛发动了女职工投入生产竞赛的热潮。北京管件厂女职工听了传达后在老师傅的指导下，创造了双刀切削法，提高一倍半的生产效率。科学仪器厂女工创造改革了36件工具，提高一至十九倍的功效。帆布制品厂的女工和男工一起参加厂内竞赛，提前一个月超额31.5%完成全年跃进计划。①

此外，抓住一切有利时机，组织女工举行献礼活动，召开广播大会是发动女工的较好形式。在召开全国妇女建设社会主义积极分子代表会议以及迎接1959年“三八”节会议上，号召女职工开展规模较大的立功献礼活动，不少工厂、商店女职工积极响应市妇联的号召，纷纷制定了献礼计划，因而推动了竞赛活动的开展，对完成生产任务和技术改革方面起到了促进作用。如民用灯具厂女工在市、区和全国三级妇女建设社会主义积极分子代表会议期间就做出了各种专用工具共34件作为献礼。1959年“三八”节前她们又开展了献礼周，女工干劲更足。她们为了赶制献礼品，写了300多张大字报表决心，通过大家讨论，决定要以完成12件机器和工具向“三八”节献礼。大家积极性特别高，结果完成了33件，对完成本厂实现机械化的任务，起到了很大作用。又如，华北无线电器材厂党委向女工们发出号召，要女工们积极投入技术革新，完成第四季度生产任务，向全国妇女建设社会主义积极分子

---

① 北京市妇女联合会：“‘大跃进’以来妇联如何做女工工作”，1959年6月24日，北京市档案馆馆藏档案，案卷号084-002-174。

代表会议献礼。在献礼周内，比较重大的技术革新就有7项，其中陶瓷车间工人改进了喷釉操作方法，提高效果256倍。因此在一定时期抓住有利时机号召女工开展献礼运动，是发动群众促进生产的最好形式。①

郊区妇女出勤情况。为了解妇女活动情况，市妇联农村工作部于1959年2月18日召开了整社工作的市妇联干部汇报会议（6个人分布在4个区、6个公社）。这次汇报会议中，反映出的一个共同问题是：妇女出勤率不高，部分妇女干劲不足。据通州区宋庄、马头，丰台区黄土崗，大兴区红星等6个公社的重点调查，妇女出勤平均占女劳力的60%，有的只达30%。②

妇女出勤少、干劲不足的原因是多方面的，除生孩子、有病（包括小孩有病）和农活不像深入翻种麦时那么紧张等客观原因外，主要还有以下问题：对分配问题有意见，有的公社因为分配方案一直未定下来，只是解决了社员吃饭问题，工资未及时解决，社员不满。如通州区码头公社长营村只发过两次工资（年前发一次，过年每个好劳力发一块多钱），社员反映，干了一年就是这些钱，生产情绪不高。女社员户占元（老太太）过去在缝纫组做活很积极，1958年冬天做了五十来件棉衣，但春节只分到七角钱，她说：“以后我可不这样干了。”除此之外，有的公社工人家属吃饭不给钱也影响了积极劳动社员的情绪。另外，对于生产问题和生活资料的处理有意见。首先是有些食堂不好，社员吃不饱。通州马头公社长盈，村食堂主粮是40%的薯干、10%的豆腐、50%的粮食。因为搭配不好，净吃薯面窝头和豆渣粥。有的社员说“劳动一年，吃不好，工资又少，干活没法有劲”。其次是有的托儿组织办得不好，妈妈不放心。③

① 北京市妇女联合会：“‘大跃进’以来妇联如何做女工工作”，1959年6月24日，北京市档案馆馆藏档案，案卷号084－002－174。

② 北京市妇女联合会农村工作部：“郊区妇女出勤情况汇报”，1959年2月24日，北京市档案馆馆藏档案，案卷号084－003－0058。

③ 北京市妇女联合会农村工作部：“郊区妇女出勤情况汇报”，1959年2月24日，北京市档案馆馆藏档案，案卷号084－003－0058。

在农业“大跃进”中妇女劳动保护情况。1959年1月，海淀、门头沟、平谷、密云、周口店5个区妇联对妇女劳动保护问题进行了重点调查，共调查8个公社的19个生产队和2个生产站。从这次调查的情况来看，19个生产队和2个生产站的全体女社员和农村广大妇女一样，经过全民性的整风运动和党的总路线的宣传贯彻，劳动热情空前高涨，她们都以大干、苦干的忘我劳动精神积极地参加了农业生产大跃进的高潮，出勤率一般达到95%以上，并经常参加夜战，妇女已成为农业生产上的主力军。

在农业生产大跃进中，有些队的领导为了保持妇女的旺盛革命干劲，发挥妇女在生产战线上的长期作用，在生产中着重注意对妇女劳动的保护。如周口店区辛庄村全体干部都特别注意对妇女劳动的保护，妇女社员生产积极性更加高涨，全村57名妇女劳力全部出勤，还有很多不是劳力的也自动参加生产，出勤率达到160%。因此，在男劳力大部分外调（只剩十几个男劳力）而生产又多的情况下，提前完成了各项生产任务，秋收比原计划早完成20天，同时还积肥200万吨、打草帘200块、打麻绳50万条。但在2个生产站和19个生产队中只有3个生产队完成得这样好，其余站和生产队对妇女劳动保护做得都不够好。早产、流产、闹月经病的情况不断发生。据16个大队和2个站的不完全统计，“大跃进”以来因劳累过度，经期不注意卫生而流产、早产的有43人，得月经病的有26人。在门头沟区，大台、斋堂、门头沟3个公社14个生产大队一年来妇女发生流产29名、早产8名、患严重月经病1名。军庄大队灰峪生产队在劳动时150个妇女就有4个流产的。①

产生以上问题的原因，一是“大跃进”以来，妇联组织对妇女劳动保护工作重视不足，光看到妇女生产积极性这一方面，而对妇女劳力的特殊问题有些忽视。因此，很少或没有向妇女及社会上宣传保护妇女劳力对生产的重

① 北京市妇女联合会：“关于在农业大跃进中妇女劳动保护情况的调查”，1959年1月5日，北京市档案馆馆藏档案，案卷号084－003－0058。

要意义。二是不少男干部和男社员存在封建思想，错误认为男女平等了就得一样干活，也有的队干部怕生产任务完不成挨批评，所以不管妇女这些特殊问题，一律要求妇女和男子一样参加生产，对妇女的特殊问题不关心、不照顾，认为农活多、任务紧，照顾妇女会影响生产。这些问题的发生，都引起了社员的不满，而且影响了生活。

档案资料显示，1958—1960 年，北京市妇女工作围绕全市经济建设的重心，有着明确的工作目标和要求，并每年分不同的季度，甚至具体到每月，作出了非常细化的规定。同时，在“大跃进”运动刚开始的 1958 年，市妇联制定了详细的生产计划和要求。

（三）加强用工情况调查，摸清劳动力状况

由于企业用工十分紧张，为了缓解用工压力，北京市对各区县的劳动力状况进行了重点了解，目的是掌握劳动力安排情况，从而对劳动力进行合理调配，深挖劳动力潜力，节约劳动力，支援工业建设。

1958 年通州区劳动力安排情况。通州区共有 8 个人民公社，有耕地面积 1063669 亩，人口 406402 人，每人平均耕地面积 2.62 亩。全区共有劳动力 144000 多人，包括区属企业、事业、机关等单位 20000 多人，达到劳动年龄的在校学生 20300 多人，实际农业上的劳动力有 103700 多人。其中半劳动力占 17%，为 17700 多人。每个劳动力负担耕地面积 10.2 亩。最近，该区对农业劳动力进行了研究，并提出初步安排计划。（1）农业计划占用 63555 人，其中固定人员 11787 人，包括保育员 2489 人、饲养员 3258 人、炊事员 6040 人。生产人员 51768 人，包括麦田管理 2000 人（小麦 40000 亩，每人平均 20 亩）、打机井 3551 人、其余人员投入深翻土地 1.5 尺，计划 11 月底完成，随即转入河网化工程。（2）农副业及炼铁炼油占约 15799 人，25 个糖厂需 1000 人，淀粉厂 3000 盘磨需 4000 人，302 个酒厂需 2416 人，62 个酒精厂需 124 人，59 个水泥厂需 259 人，炼铁炼油、采矿需 5000 人。（3）已经外调工作的

19753 人，其中去密云水库 12000 人，支援工业和基本建设的 7753 人。

按上面的安排计算，共需要劳动力 99107 人，与农业劳动力 103700 人相比，还富余劳动力 4500 多人，但是该区再拿出力量支援工业和城市基本建设有困难。另据对张家湾人民公社团结分社和区属工业用工的重点调查了解，认为该区的劳动力也是有潜力可挖的。

张家湾人民公社团结分社共有土地 12023 亩，人口 6976 人（男性 3302 人、女性 3674 人），除去学生、幼儿、老、弱、残的 4771 人外，有劳动能力的 2210 人，占人口总数的 31.5%。外出工作和社、队占用的劳动力 963 人，实际社里的劳动力 1247 人，占劳动力人数的 56%，平均每人负担耕地面积为 9.6 亩。人民公社成立前妇女劳动力只有 535 人参加半日劳动，公社化后已动员 1050 人投入生产。自实行大兵团作战后，农民的干劲十足，每天较过去增加 3、4 个小时的工作时间。

该社有部分年老的辅助劳动力，如第十八生产队有 21 人、第九生产队有 12 人，这些人每天都参加一定劳动，可是社里没有计算这笔账。学生在假期的劳动和平日的勤工俭学以及拖拉机代替劳动力也没有计算进去。这样，就显示了在劳动力使用上是紧张的。

该区石棉厂有职工 834 人，新增徒工 517 人（8 月份以后进厂）、临时工 55 人。还有一部分没有投入生产车间，在供应部门干零活，就是参加生产的也有些地方人浮于事。吊水泥石棉板工作 4 人就可以把活干完，实际占用 9 人，不少工作用辅助工就可以解决，不需要配备学徒工。同时该厂技术革新工作开展不够，如认真地发动职工开展这项工作，不少地方不但可以减轻劳动强度，而且可以节省劳动力，如人工割橡胶等工作，该厂技术程度不是很高，却过多地吸收大批徒工进行培训，是劳动力使用上不合理的现象。

印刷厂有职工 195 人，大部分是青壮年，其中装订车间有工人 49 人，若装订任务下放给街道居民，生产任务不但可以完成，也可以替换出部分青壮年输送其到其他工业上去。

另外，该区改变旧农具、推广新农具的工作已经取得成绩。车子完成计划100%、轴承完成计划80%、小麦播种完成计划73%、切片机完成计划37%、绳索牵引只完成计划17.6%，这项工作的开展是解决劳动力紧张、减轻劳动强度的根本办法。所以这项工作应继续开展下去，劳动力的潜力也可以挖掘出来。①

1959年密云县劳动力安排情况。根据市委指示精神，县委对劳动力的使用进行了安排。1959年密云县共有人口235471人，其中有18—50岁的男性劳力41067人，16—17岁和51—60岁的男性半劳力11189人，18—45岁的妇女整劳力35158人，16—17岁和46—55岁的妇女半劳力7707人，按两个半劳力折成一个整劳力计算，全县共有整劳力85673人。当年已经支援国家建设的劳力共有水库6000人，北京、天津各地建设500人，修铁路850人，共外出7350人，这些劳力都是整劳力。因此全县实有男性劳力35717人，除去外出劳力，全县有男女劳力（两个半劳力折一个）78323人，根据工农业并举、农林牧副渔全面发展的精神，经过与各公社商量，劳力安排如下：

农业生产用劳力35273个，占总劳力的44.9%，主要是播种粮食、油料基本田225000亩，每一个劳力保证8亩地，合30625个劳力，同时种饲料地45000亩，水库区内抢种一季早熟作物6万亩（包括3万多亩小麦），用劳力4648个。

蔬菜生产，用劳力7500人，占总劳力的9.5%，共种基本用的菜地3万亩，每个劳力包种4亩。

水利基本建设2500人，占总劳力的3.2%，县和公社搞水利用2500人，县计划水利工程需用120万个工作日，2500人常年工作每年仅能完成75万个工作日，待大水库完工后，1959年下半年再用民工约45万个工作日。

---

① 北京市劳动局：“关于了解通州区劳动力安排情况的报告”，1958年11月20日，北京市档案馆馆藏档案，案卷号110－977。

林业专业队 2570 人，占总劳力的 3. 13% 。这部分人为专业队，经常工作，大面积植树造林或对果树进行除虫施肥。

畜牧业生产 10000 人，占总劳力的 12. 8% 。

工副业生产 11330 人，占总劳力的 14. 5% ，其中县营工业 1377 人、公社办工副业 8953 人。

交通运输 1150 人，占总劳力的 1. 5% ，常年装卸队 260 人、胶车运输 670 人、常年护路另修 220 人。

服务业中，包括食堂、托儿所等福利用工 8000 人，占总劳力的 10. 2% 。①

1958 年周口店劳动力调查摸底的情况。周口店区有耕地面积 717385 亩，包括水田 32127 亩、水浇地 259408 亩、菜地 12135 亩、旱地 413715 亩。共有 84327 户、391938 人，农业人口 339161 人、非农业人口 52777 人。具有劳动能力的有 150000 人，占农业总人口的 44% ，其中正式劳动力有 120000 多人（系指男性 16—60 岁、女性 16—55 岁劳动力），男性 69489 人、女性 50511 人，另有辅助劳动力 30000 人，平均每个正式劳动力负担耕地面积为 6 亩。

该区对劳动力的安排计划是：已经外出工作的劳动力 28670 人，其中调配供应工业、基本建设等单位的工人 11670 人，考入工厂学徒和技工学校学员 2000 人，去密云水库 15000 人。市里分配的生产任务需要劳动力 6800 人，需云石 63360 吨，日产 528 吨，需 1400 人。生产沙石 550000 立方米，日产 5000 立方米，需 5400 人。地方工业按月需劳动力 17695 人，已经占用 8695 人，年计划投入工业建设需 9000 人。交通运输水利建设用工需 52250 人，即公路建设需 2250 人，水利工程需 50000 人。造林、畜牧用工 8800 人，即造林需 3800 人，开展畜牧用工 5000 人。农业生产用工 69064 人，其中固定人员

---

① 中共北京市密云县委员会：“关于 1959 年劳力安排意见向市委的报告”，1959 年 2 月 13 日，北京市档案馆馆藏档案，案卷号 001 – 006 – 1568。

9060 人，即大车夫、食堂炊事员等人，实际参加农业生产的 60000 人，每人平均耕种 12 亩。按上述的安排和计划，需工共计 183279 人，与全区男女整、半和辅助劳力 150000 人相比，不足工力 30000 多人。

为了深入地摸清该区劳动力的具体情况，对琉璃河人民公社的平各庄、北洛、李庄 3 个农业社及其生产队进行了调查摸底工作。琉璃河人民公社共有土地 190902 亩，住户 13129 户，共 59533 人，劳动力有 20978 人，其中 16—60 岁的男性有 10905 人，16—55 岁的女性有 10073 人。截至 1958 年 10 月 15 日，外出工作的有 1200 人，公社占用（指不能直接参加农业生产的）4784 人。实际参加农业生产的有 15000 人。每个劳动力平均负担耕地面积为 13 亩左右。所以当时该社的情况是“再不能从社里抽调劳动力支援工业建设了”。但与农业社负责人交换意见后，认为在农业空隙时间，即从当时起到次年 2 月之间，每个农业社拿出实际参加劳动的 8%，即 10—15 人，支援基本建设是可能的。这样，全社则可出 1200 人。可以看出，这三个社的劳动力是较紧张的。同时由于外出和社占用的人较多，实际在社里参加劳动的人年岁大的多、妇女多。

关于解放妇女劳动力的工作，有的生产队发动得不够，例如李庄第八生产队就有 11 名青年、壮年妇女没有参加劳动。有的年老妇女每天下地干活，儿媳妇反而在家里看孩子不干活。

为了进一步反映情况和说明问题，现将三个生产队的劳动力情况综合总结如下：

第一，平各庄第五生产队，全队共有 70 人，其中劳动力有 29 人（男性 15 人、女性 14 人），占总人口的 41%，另有辅助劳动力 4 人（男女各 2 人）。外出工作和社、队占用 11 人，实际参加农业生产的 18 人。其中，男性 6 人，50—64 岁的 5 人，41 岁 1 人（系生产队长）；女性 12 人，50 岁以上的 4 人，35—49 岁的 4 人，25—34 岁的 4 人。辅助劳动力 4 人，男性 2 人均在 70 岁以上，女性 2 人均在 55 岁以上。

第二，北洛第一生产队，全队共有136人，其中劳动力有34人（男性16人、女性18人），占总人口的26%，另有辅助劳动力13人（男性8人、女性5人）。外出工作和社、队占用13人，实际在队里参加劳动的22人。其中男性7人，在50岁以上的2人，35—49岁的4人，25岁以下的1人；女性15人，30—40岁的11人，29岁以下的4人。辅助劳动力13人，男性78岁的2人，女性最大年龄的达68岁。

第三，李庄第八生产队。全队共有165人，其中劳动力有38人，占总人口的23%。另有辅助劳动力6人（男性5人、女性1人）。外出工作和社、队占用22人，实际在队里参加劳动的16人。其中，男性7人，在50岁以上的5人，45岁以下的2人；女性9人，在50岁以上的4人，45岁以下的5人。辅助劳动力6人，男性年龄最大的71岁，女性1人年龄为65岁。不过，这个队尚有11名青壮年妇女未参加劳动，其中在35岁以下的7人，36—48岁的4人，其主要原因是社、队对她们的政治教育工作和组织托儿工作没有跟上。

此外，市劳动局还了解了半山区龙骨山社和山区楼子水两个生产队的劳动力情况。其共同点是：第一，妇女劳动力解放得不够。龙骨山社生产二队有23名妇女，楼子水社生产三队有17名妇女，均没有参加农业生产。第二，实际在社里参加农业生产的人，男性少、女性多，年岁小的少、年岁大的多。第三，由于他们居住在半山区和山区，副业很多，而且收益也较多，这个地区的人长年不愁没活干，调他们外出工作，其积极性不高。

通过调查摸底，经分析存在下列两个主要问题：

第一，在劳动力安排计算上不够实际。在外调劳动力方面，经了解实际没有调出那么多的人，如计划调给琉璃河水泥厂1600人，到1958年10月20日仅调去206人，占应调人数的13%；计划调给北京修造厂1500人，实际只调去87人，占应调人数的5%。这样，按区里计划外调的28690人劳动力中，除去密云水库的15000人和考入工厂学徒和技校学员的2000人外，其余计划调出人数与实际调出人数是有很大出入的。

对地方工业用工 17695 人安排不合理。据了解，截至 1958 年 10 月 20 日已用工 8695 人，依照扩建和增产增值的地方企业不增人或少增人的原则精神，该区对用工须精打细算，避免窝工浪费和不合理的调配。

在交通运输、水利建设、开展畜牧、造林和农业生产上的用工，也有些地方需要考虑。因为兴修水利、修公路大部分可以在农业空隙时间里进行，劳动力可以调剂使用，另打一笔账也会加大劳动力的虚数。

第二，对解放妇女的工作做得不够彻底。据了解，有部分社、队的托儿所搞得不太好，应托的幼儿没有送进托儿所，有的生产队还没有成立食堂和幼儿园，缝纫组也没有建立。更主要的是政治思想教育工作方面，有的社、队跟不上去，因此妇女参加生产就没有完全发动起来。如龙骨山社生产二队和楼子水社生产三队共有 40 名妇女没有参加劳动。李庄农业生产八队 11 名妇女没有参加劳动，其中 7 人是 35 岁以下的青壮劳动力。

总之，这些调查摸底数据说明：该区劳动力紧张是一方面，另一方面该区在安排计算劳动力上和调动一切积极因素开展工作上还存在问题，也就是说还有一定潜力可挖。①

1958 年西城区商业系统劳动力安排情况。西城区有零售店及门市部 1137 个（其中设于大街的有 418 个、小巷的有 719 个），合作商店 54 个，合作小组 232 个，食品、酿造、粮食等加工厂 12 个，饲养场 2 个，共有从业人员 22451 人。该区劳动力下放支援农业、修建水库的有 2095 人，支援工业的有 300 人，尚待处理的老、弱、病、残的有 1047 人，反坏右分子 54 人，调出从事临时工作的有 126 人，实有 18829 人。

市劳动局会同西城区劳动科选择了西四综合商店、文化用品百货商店、西单西药公司门市部、西鹤年堂、西单纺织品商店、西长安街食堂、中华旅

---

① 北京市劳动局：“关于对周口店劳动力调查摸底的情况和问题”，1958 年 11 月 18 日，北京市档案馆馆藏档案，案卷号 110－977。

店、新街口旅店、第一洗染厂、西四浴池和又一顺 11 个单位，对其劳动组织和劳动力使用情况进行了调查。调查结果发现，除西四浴池和又一顺 2 个单位不具代表性外，其余 9 个单位共有从业人员 379 人（男性 318 人，女性 61 人），其中包括行政管理人员 27 人，勤杂人员 42 人，服务员、售货员 304 人（男性 246 人，女性 58 人）。服务员、售货员的具体情况见表 3－1。

表 3－1　西城区商业系统劳动力情况（按行业性质划分）

		年龄		文化		其中	
		青壮年（人）	老年（人）	初小以下（人）	高小以上（人）	资方、业主（人）	病残（人）
共计	304	232	72	68	236	26	28
其中女性	58	56	2	13	45	1	4
商业	172	131	41	5	167	22	15
饮食	20	17	3	14	6		5
服务	112	84	28	49	83	4	8

资料来源："北京市劳动局对西城区商业系统劳动力的初步调查情况"，1958 年 11 月 25 日，北京市档案馆馆藏档案，案卷号 110－977。

从表 3－1 中可以看出，服务员、售货员的特点是男性多，占 81%；青壮年多，占 79%。从工作特点上来看，除服务业的技工外，一般技术性不强，劳动量较轻。如西四综合商店，现有售货员 68 人，其中在 16—25 岁的 12 人、26—30 岁的 12 人、31—40 岁的 16 人、41 岁以上的 12 人。平日每人平均销货 70 多元，假日平均每人销货 150 多元。他们每天工作约 10 个小时，并保持每人每周轮休一天。从劳动力使用上看，其有潜力可挖。例如，百货针线组售货员共 18 人，其中男性 10 人，女性 8 人，男性中年龄最大的 37 岁，具备初中文化的有 8 人，他们担任的具体业务分配为售鞋帽的 2 人，化妆品 3 人，毛巾线袜 2 人，棉线、服装 3 人。这些工作对妇女给予短期学习同样可以胜任。

市劳动局将初步调查的情况与上述九个单位的负责人交换意见后，共同认为：从现有男青壮年售货员中第一批可抽男性补女性 85 人，占总数的 27.9%，占男性青壮年售货员的 48%。抽换行业和人数比较见表 3－2。

表 3－2 西城区商业系统劳动力抽换情况

	总人数	其中青壮年售货员人数	抽换数	百分比（%）	
				占总数	占青壮年
共计	304	176	85	27.9	48.0
商业	172	88	50	29.0	56.8
饮食	20	13	10	50.0	77.0
服务	112	75	25	22.3	33.3

资料来源：“北京市劳动局对西城区商业系统劳动力的初步调查情况”，1958 年 11 月 25 日，北京市档案馆馆藏档案，案卷号 110－977。

从表 3－2 来看，“服务业”抽调的人数比重较小，其原因为：第一，洗染工有 65 人，根据该厂的工作性质和工作要求来分析，洗染工和线补工 51 人目前由于技术性强和劳动强度大，在没有进行技术革命以前，以妇女顶替有困难。第二，中华旅店的工人年岁大的较多，在 26 人中（男性 23 人、女性 3 人），有小业主 4 人，男职工在 51—60 岁的 6 人、41—50 岁的 6 人、31—40 岁的 10 人，而且青壮年中有部分骨干目前不能调动，因此顶替潜力不大。

从调查的情况分析，商业、饮食业、服务业不仅可以从现有人员中抽调出来一部分，同时经营重复、分工过细也存在人力浪费，如西四综合商店与西四文化用品百货商店紧紧毗邻，两店都经销百货、针线和服装。西四综合商店业务分五大组，每组有正、副组长各 1 人，大组下面设段，共分 15 段。每段有段长 1 人，除大组长兼段长外，共有段长 20 人，都是青壮年，段长虽不脱产，但除行政事务外并不负担组段的采购工作。这样的劳动组织和业务分工势必浪费人力。

服务业的工作制度若加以改进也可以节约劳动力，如饭馆只要宾主协作，服务员就可以减少。如西长安街食堂有服务员 20 人（其中 9 人可任厨工），他们的工作就是给顾客介绍菜饭品种、端菜端饭、算账收钱等。若用大字报形式介绍菜饭品种，同时改为顾客买牌自取制，留下几个服务员即可完成任务，其余人员特别是9名厨工均可调出支援工业建设。①

二、城市就业政策的调整

“一五”时期，由于职工人数迅速增加，农民流入城市现象严重，因此到1958年，国家继续坚持不盲目增加职工的政策，主张通过深挖劳动力潜力、节约现有劳动力来解决工业所需。但随着工业和基本建设进一步发展，劳动力需求大量增加，因此国家放松了劳动力的统一招收和调配权力，并默许各企事业单位从社会上招工，同意农民进城工作，从而带来了大招工。

（一）劳动力招收调配权的下放

到1958年4月，中央认为全国各机关、各企事业单位还有大量的冗余人员，坚持不从社会上招收新职工、尽量从现有人员中调剂补充的原则。为了做好调剂和补充职工工作，中央授权省、市、自治区党委在自己的地区内，进行统一的调剂和安排，将调剂权赋予了各省、市、自治区党委，中央直接管理的企业，如铁路管理局、大钢厂的人员，除了调剂技术人员和技术工人应当与国务院有关部门商量，一般人员的调剂也授权省、市、自治区党委统一办理。这说明，随着工业生产和基本建设的发展，国家松动了劳动力的统一调配权力。

1958年6月，随着工业生产规模和速度的加大、加快，工业需要劳动力的数量大量增加，各地反映仅靠内部调剂已经不能解决劳动力的供应问题，

① 北京市劳动局：“北京市劳动局对西城区商业系统劳动力的初步调查情况”，1958年11月25日，北京市档案馆馆藏档案，案卷号110－977。

工业企业劳动力不足的现象日益严重。劳动部党组向中央作了关于工业企业补充劳动力问题的请示，认为“及时招收新人员，完全是必要的”，“各地工业企业的劳动力问题，应该由省、市、自治区党委负责统一规划和管理”。这一请示立即得到了中央的同意，中央决定，“招工计划，经省、市、自治区党委确定后即可执行，不必经过中央批准”。[①] 国家下放了劳动力统一招收权。

1958 年，北京市和全国其他地区一样，在总路线的指导下，掀起了国民经济全面发展的高潮，“农业追工业，工业促其他”是生产大发展的特点，工、农业总产值比 1957 年猛增一倍。因此，劳动力出现了相对不足的局面，特别是工业企业的扩大生产和新建、扩建项目增多，以及建筑任务的加大，除了采取各种有效措施，包括改善劳动组织、大搞技术革命，提高机械化程度，挖掘内部劳动潜力外，不得不从社会上招用一批工人。1958 年 1 月至 9 月底，仅工业和文教卫生等主要企业、事业单位就从社会上招收了 11. 35 万名固定职工，其中工业系统 11 万人（中央工业系统 5. 2 万人、地方工业系统 5. 8 万人），占增加人员的 97%。此外，和 1957 年相比，基建用工也有所增加，主要是从外地和本市郊区进行招工。[②] 1958 年底，全市工矿、建筑、交通运输等部门已经招收新工人 14 万人，建筑队伍工人也增加到 16. 6 万人。[③]

在临时工的招用上，北京市进行了放权。从 1958 年底开始，为了控制各单位增加工人，北京市规定，凡招用临时工一般必须经劳动局批准。到 1960 年 3 月，各工矿企业、机关、团体、事业单位及商业部门因为生产季节性变化或原有职工暂时患病等原因，需要大量临时工及时供应，仅工矿企业 15 个单位就需要工人 1260 人。这些临时工的工作性质多样，但都是和街道生产及

① 中国社会科学院、中央档案馆编：《1958—1965 中华人民共和国经济档案资料选编 · 劳动就业和收入分配卷》，中国财政经济出版社，2011 年，第 160 页。

② 北京市劳动局：“关于北京市 1958 年劳动力调配情况和 1959 年度劳动计划初步安排意见的报告”，1958 年 10 月 28 日，北京市档案馆馆藏档案，案卷号 110 - 987。

③ 北京市档案馆、中共北京市委党史研究室编：《北京市重要文献选编 1958 年》，中国档案出版社，2003 年，第 969 页。

人民生活紧密相关的，如房屋修缮、搬运、装卸、绿化、教员、勤杂工等，如果不及时解决，势必影响到人民的日常生活。为此，北京市对临时工的招用作出了新的规定："今后各单位需要的一些临时工人，按区分片、包干，可以由各区人民委员会全面安排解决"，① 不需要报劳动局统一申请。

（二）默许从农村招工

在国家统一的劳动力招收和调配权利放宽的背景下，加上经济建设带来劳动力需求的增加，北京市虽然没有出台专门有关农村招工的正式文件，但在实际工作中，允许企业单位从农村招工。

1958—1960 年，北京市各企业单位从外省市农民中招收进厂的工人约为 15 万人。1958 年 8 月，除周口店区，北京市 12 个区共 191 个区属企业需要大量增加工人。河北省来京谋求生活出路的农民 5000 多人，都被安排到各区砂石厂充当临时工。②

北京市还考虑到了进城农民的户口和粮食问题。到 1958 年 8 月，市企业、事业单位先后招收的工人中有外地和本市郊区农业社的 2 万多人，这些人大部分没有办理转移户口手续。例如石景山钢铁厂进厂学徒工 1680 人中，办理转移户口的有 503 人，占全部的 29.9%，其余均没有办理转移户口。③ 之所以存在这种情况，主要是各地区、乡级政府不同意这些人出来。由于户口不能解决，相应的粮食问题也无法解决。各单位均向石景山区粮食部门暂借，以临时解决他们的吃饭问题，但这不是解决问题的办法。为此，市劳动局规定，凡 1958 年 7 月 1 日以前各单位录取并持有乡、社证明的本市郊区农业青

① 北京市劳动局："关于解决各单位临时用工问题的意见（稿）"，1960 年 3 月 30 日，北京市档案馆馆藏档案，案卷号 110－1165。

② 北京市劳动局："关于当前劳动力安排工作中的几个问题及解决意见的报告"，1958 年 8 月 12 日，北京市档案馆馆藏档案，案卷号 110－001－902。

③ 北京市劳动局："关于当前劳动力安排工作中的几个问题及解决意见的报告"，1958 年 8 月 12 日，北京市档案馆馆藏档案，案卷号 110－001－902。

年，各区应准予迁户口；7 月 1 日以后各单位自行招收的或没有乡、社证明的，由录用单位动员回去；各单位录取外省、市的工人，由录用单位形成名单送劳动局，由劳动局按户口条例第十条的规定，开具证明，由用工单位和公安部门办理户口转移手续。

三、职工数量的过快增长

在这一阶段，国民经济发展出现严重比例失调，给城市就业带来了直接影响。1958 年开始的全国性盲目“跃进”，基本建设项目过多，战线过长，规模过大，致使职工人数猛增。

1958 年，北京市基本建设投资从上一年的 7. 5 亿元迅速增加到 12. 1 亿元，相当于 1957 年的 1. 62 倍。在当时的物质、技术条件下，造成用工人数猛增。1957 年底，北京城市在业人员为 121. 2 万人，到 1960 年底增加到 190 万人，3 年时间内增加了近 70 万人，增长 58. 8%。尤其严重的是，全民所有制企业职工在 3 年时间中增加的人数几乎等于过去 7 年增加职工人数的总和。从外省市农民中招收的工人（约 15 万人），从家庭中动员出的妇女和每年新成长的劳动力（约 3 万人），是这 3 年职工大量增加的主要组成部分。

1958 年，北京市国民经济各部门职工年底人数为 1353000 人，比 1957 年的 1056000 人增加了 297000 人，增长 28%。增加职工最多的是工业、基本建设两个物质生产部门。1957 年底，北京市工业职工人数为 368000 人，1958 年底为 575000 人，增加了 207000 人，增长 56. 2%。在工业当中，中央直属工业增加 63549 人，占 31. 9%；区属企业增加 77474 人，占 37. 4%。1957 年底基本建设职工人数为 114000 人，1958 年底达到 227000 人，比 1957 年增加 113000 人，增长 99%。[①]

① 北京市劳动局：“劳动局党组关于 1959 年劳动力安排的意见”，1959 年 3 月 25 日，北京市档案馆馆藏档案，案卷号 110－001－984。

1958年新增297000人的来源如下：从本市社会上招收187000人，其中城市的136000人、郊区农村的51000人；外省市9万多人，其中河北省来的约7万人，复员转业军人1万多人，大、中专毕业生约1万人。[①]

1958年增加职工的原因：其一，1958年“大跃进”中，工业总产值达到46亿元（包括手工业），较1957年21亿元增长113%，职工势必相应地有所增加。其二，新建扩建的129个工厂或车间陆续投入生产，需要增加职工。为适应大规模的工业基本建设，需要增加生产准备人员，培训后备技术力量。工业增加的20万人中，徒工就有13万多人。其三，建筑竣工面积达4576000平方米，较1957年的3138000平方米，增长45.8%。[②]

职工增加带有一定的盲目性。从全市来看，1958年较多地增加职工是必要的，但是有些单位设想的建设规模和速度大了一些，快了一些，因而招收工人过多。有的单位像石钢、煤矿等重点部门却没有得到应有的保证。在劳动力使用上不计算定员，不知道人数的浪费现象比较普遍。建工局系统就是因为人数过多了，虽然工作量增加很多，劳动生产率反而下降了。因为劳动力紧张，有些单位生怕以后找不到人，为了“有备无患”，甚至不择手段，违法乱纪。

1959年，新建扩建的重点还必须相应地增加职工。交通运输、科学文教卫生、商业服务业以及城市公用事业，随着事业发展也要适当增加职工。为保证钢、煤、粮、棉生产指标，以保证国家生产事业有计划地完成，促使国民经济更快更好更全面地跃进，1959年北京市工业总产值为75亿元，劳动生产率提高40%，每一职工的年产值由1958年的1万元提到1959年的1.4万元计算，工业方面需要大量补充煤矿工人及石钢和冶金局的冶炼、轧钢工人。

---

① 北京市劳动局：“劳动局党组关于1959年劳动力安排的意见”，1959年3月25日，北京市档案馆馆藏档案，案卷号110－001－984。

② 北京市劳动局：“劳动局党组关于1959年劳动力安排的意见”，1959年3月25日，北京市档案馆馆藏档案，案卷号110－001－984。

工业生产必须配备一定的生产准备人员，培训一部分后备力量，初步预计增加6.5万人。交通、运输、邮电等其他部门经过核查核对，共需增加2.85万人。①

“大跃进”过程中劳动力不足的现象以及就业人员的急速增长，造成人们认识上的错觉，以为城市就业问题一下子解决了，但此时就业工作中需要解决的已经不是如何处理失业问题和劳动力过剩问题，而是如何解决城市劳动力不足问题。

四、劳动力的流动

这一时期，为适应工业建设对劳动力的需要，北京市的劳动力流动加强，具体形式有：企业间劳动力流动、抽调，支援友好国家技术人员和工人，组织居民和职工家属就业，市郊区县间、北京市与河北省间劳动力流动等。

企业间劳动力流动。为了满足新建、扩建企业增加劳动力的需要，又严格控制从社会上招收职工，北京市采取把一些企业的富余劳动力调给急需单位的办法。

1958年4月，中共中央发布关于调剂和补充职工的文件指出：“目前应当仍坚持不从社会招收新职工的原则，尽量从现有工人中调动补充。从社会上招收新职工，应先经省、市委审定，报中央批准。”② 北京市委指示北京市有关部门停止从社会上招收新职工和长期临时工。市劳动局规定，各企事业单位需要增加的职工，首先从各单位富余的职工中调动，临时工不能转为固定工。到1958年底，经市劳动局组织，从全市有富余职工的企业中共调动了15699人。

---

① 北京市劳动局：“劳动局党组关于1959年劳动力安排的意见”，1959年3月25日，北京市档案馆馆藏档案，案卷号110－001－984。

② 中国社会科学院、中央档案馆编：《1958—1965中华人民共和国经济档案资料选编·劳动就业和收入分配卷》，中国财政经济出版社，2011年，第160页。

表3－3　1958—1964年从富余职工中调动人数统计表　（单位：人）

年度	人数
1958	81884
1959	15121
1960	11553
1961	19207
1962	13809
1963	2740
1964	468
合计	144782

资料来源：北京地方志编纂委员会编：《北京地方志·综合经济管理卷·劳动志》，北京出版社，1999年，第68页。

市劳动局采取行政手段，从一些单位抽调符合条件的人到需要保证的重点单位工作。

1959年，为满足石景山钢铁公司、京西矿务局及冶金工业局所属工厂急需的工人，经北京市委批准，市劳动局从6个城区和市建筑工程、机电、纺织等7个局和3个国营企业，给冶金、煤炭企业抽调8000余人，给其他新建单位及国庆工程抽调3000余人。北京市委还指示：凡是没有扩建任务的工厂，要从现有的职工中抽调10%至20%支援新建、扩建单位，并在工业交通工作会议上作出决定，由全市各街道生产单位中抽调2万人支援国营大工厂；地方工业系统的劳动力按行业归口，由主管部门统一安排，从老企业中抽调职工支援新企业。为此，先后下达抽调任务22576人，到1960年底实际抽调了15730人。①

抽调工人支援京西矿区。1959年9月，为了保证国家煤炭增产，支援京西矿务局增产更多的煤炭，保证生产、生活方面的需要，北京市委要求周口

① 北京地方志编纂委员会编：《北京地方志·综合经济管理卷·劳动志》，北京出版社，1999年，第208页。

店区从农业生产战线上抽调工人 1100 人，门头沟区抽调工人 7000 人，输送到京西矿务局开发矿藏。[①] 北京市委认为：“向京西矿务局输送劳动力开采煤炭是保证完成全国三亿三千五百万吨煤炭任务的重要措施，只有保证完成煤炭生产任务，才能保证工、农业生产的跃进，完成国家计划任务。同时，也是改变山区面貌，提高人们生活的唯一有效措施。因此，我们必须千方百计完成这一任务。”[②]

为了完成任务，周口店区对输送 1100 名劳动力的问题进行了全面考虑，暂先由集中在前山、水平、长沟峪三个煤矿就近的村庄进行输送。从这些村庄抽调劳动力主要理由在于，这些村庄和大矿距离相近。其特点是人口多、土地少，历来均以开采煤炭为其主要生活来源。这一带人民长期以来就把增加收入、提高生活的希望，寄托在为国家“采煤开矿”上。因此，向矿输送工人的措施完全符合广大群众的要求。如果从远处抽调工人，不让当地农民参加，还会引起当地农民的不满；这一带的人民群众具有丰富的开采煤矿经验，群众素有勤劳、刻苦、朴素、忠诚的特点，群众中有一部分人已经是熟练的煤炭工，有一部分人是半熟练的煤炭工。他们被输送到矿工中去，很快就能成为工人中的骨干力量。

为此，周口店区采取“边动员、边检查、边输送”的做法，主要分两批进行输送，1958 年 8 月前输出 500 人，9 月后输出 600 人。在完成第二批输送计划时，河北公社的劳动力已不足输送，为了保证完成输送任务，将河北公社全部划为产煤区，全社除大安山、南窖 2 个管理区外，其余 8 个管理区在已经输送 507 名劳动力的基础上，再输送 393 人。房山公社周口店管理区在已经输送 88 人的基础上，再扩大良各庄山口两个村，输送 112 人，总计全区

---

① 中共周口店区委：“关于向矿务局输送矿工和今后生产方针问题向市委的报告”，1959 年 9 月 10 日，北京市档案馆馆藏档案，案卷号 1－6－1568。

② 中共周口店区委：“关于向京西矿务局输送矿工的进行情况向市委的第二次报告”，1959 年 10 月 20 日，北京市档案馆馆藏档案，案卷号 1－6－1568。

计划数 505 人。除去已经输送到矿上的劳动力以外，其余留在农业上的劳动力全部经营起为煤矿服务的生产项目，以全力支援煤炭生产。到 11 月底，已经顺利完成了抽调任务。①

从 1958 年 7 月开始，门头沟区经过 3 个多月的时间，已经完成输送工人 7000 人的任务，实际输送 7081 人，完成了计划的 101.16%。输送的工人不但在数量上超额完成了任务，而且在质量上也是好的。其中，18—45 岁的青壮年占 92%，包括党员 857 人（占总数的 12.1%），团员 929 人（占总数的 13.1%），党支部委员 144 人，团支部委员 207 人，生产队长 295 人，这为厂矿增加了新的血液。门头沟区除向京西矿务局输送工人外，还向石景山钢铁公司输送 1000 名工人。②

劳动力大批输出以后，也给输出地带来了一些问题。这些问题表现在很多方面，如工人与公社的经济关系如何处理；大批青壮劳力去矿做工，公社剩下多系老弱病残，寡、孤、五保户谁负责供养；去密云水库的民工补助工分由谁负担；留在农业的人员如何分配；对农、林、牧、副、蔬菜生产等项工作缺欠具体安排，使生产受到影响等。同时，由于高山作业具有危险性，加上接收单位对抽调过去的工人没有及时作出工作和生活上的安排，致使"工人不断跑回来"的现象时有发生。

处置妥善这些问题有利于发挥群众的生产积极性，反之也会带来一些不良影响。

支援友好国家技术人员和工人。1955 年 3 月 26 日国务院发出指示，责成各省市派遣技术工人和干部，支援蒙古人民共和国的生产建设，在蒙古人民共和国工作期限 3 年。根据国务院出国工人管理局的通知，北京市抽调瓦工、

① 中共周口店区委："关于向京西矿务局输送矿工的进行情况向市委的第二次报告"，1959 年 10 月 20 日，北京市档案馆馆藏档案，案卷号 1－6－1568。

② 中共门头沟区委："关于向京西矿务局等单位输送工人的总结"，1959 年 12 月 28 日，北京市档案馆馆藏档案，案卷号 1－6－1568。

制砖、家具、油漆等12个工种的工人131人，其中从地方国营企业抽调74人，从手工业合作总社抽调35人，从私营企业和个体户抽调22人，于当年5月25日赴蒙古人民共和国。1957年，根据国务院的通知和市人民委员会的决定，把北京市第二道路工程公司成建制派往蒙古人民共和国援助修路。1958年5月15日，国务院通知，经中蒙双方议定，1955年去蒙古人民共和国的工人期满，一部分按期回国，一部分人需要留下继续工作，另外再从北京市抽调水暖、白铁、电焊、皮革、编筐等技术工人118人，于当年6月27日赴蒙。1961年3月，根据国务院通知，北京市抽调工人259人支援蒙古人民共和国。1958年至1963年的6年中，北京市除将第二道路工程公司成建制调蒙古人民共和国支援修路任务外，还从各行业抽调近千名技术工人支援蒙古人民共和国。

表3－4　1958—1963年支援蒙古人民共和国生产建设抽调工人统计表　（单位：人）

时间	人数	工种
1958年5月	118	水暖工、白铁工、电焊工
1959年1月	115	修路工
1959年3月	41	炊事员、理发员
1959年3月	194	
1961年3月	259	
1963年9月	56	机械技工、锅炉工、化验工、饲养员
合计	783	

资料来源：北京地方志编纂委员会编：《北京地方志·综合经济管理卷·劳动志》，北京出版社，1999年，第77页。

市郊区县劳动力流动情况。根据北京市13个郊区、县的不完全调查统计，从1958年到1960年9月末外出的劳动力共有54229人，其中1958年为31862人，占总人数的58.7%；1959年为14298人，占总人数的26.3%；1960年为8069人，占总人数的39.1%。流入本市的有单位的共33062人，占总人数的60.9%。按单位的隶属关系分，中央在京单位有10691人，占总人数的32.3%；市属单位18202人，占总人数的55.1%，包括1959—1960年两年中密云县抽调给石灰矿及北建局的民工3200人，房山县调给矿务局的1800人；区、县属单位4169人，占总人数的12.6%。①

自1960年9月份北京市各部门开展精简下放工作以来，截至1960年底，已遣送不带工资回乡参加农业生产的人员及退回农村公社的民工为1.8万人，其中1960年民工6000人，占流入本市劳动力的54%。仍在各单位工作的约有1.5万人，这些人能否继续遣送回乡生产，通过对良乡修造厂、南口配件厂、沙河铁厂及钢铁学院4个单位当时现有的904人逐个进行分析，其中可以遣送的36人（多数是有孩子的妇女），占5%；有多余的壮劳动力可顶替回农村的275人，占30%；这些人多是有一般生产经营技能的壮工、辅助工。不能遣送或顶替的593人，占65%，这些人多是1958年进厂的技工、徒工，而且有不少人已成为生产骨干，如遣送回乡后将会使各单位生产事业受到影响。②

北京市和河北省劳动力纠纷。北京市与河北省劳动力流动过程中，产生了劳动力纠纷问题，到1960年已经比较严重。仅1960年1月到10月，群众来信来访共有84起反映这个问题。1960年12月，国务院会同劳动部到河北省涿、蓟、武清等县以及吸收河北省劳动力最多的单位——北京市建筑工程部门作了重点调查，对两地的劳动力纠纷问题进行了详细的分析，并建议北京市把1958年、1959年两年招收的河北省农民退回河北省。③

劳动力纠纷表现之一是北京市企业将期满合同工转为正式工人与河北省要求期满的合同工返乡的矛盾。北京市各建筑公司在1958年共招收合同工

① 北京市劳动局："关于50年以来本市郊区县劳动力外出及回乡情况"，1961年2月9日，北京市档案馆馆藏档案，案卷号110－1251。

② 北京市劳动局："关于50年以来本市郊区县劳动力外出及回乡情况"，1961年2月9日，北京市档案馆馆藏档案，案卷号110－1251。

③ 国务院秘书厅："关于北京市和河北省劳动力纠纷问题的调查报告"，1960年12月8日，北京市档案馆馆藏档案，案卷号110－1236。

33581 人，其中包括河北省 19509 人，占合同工总数的 57.7%。在这 19509 人中，经过劳动部门批准，由社（队）、工人和公司三方面签订合同的约有五分之二，个人串联拉拢，而后由工人和社（队）双方，或者由工人和公司双方签订合同的约有五分之三。1958 年底，这批合同工期满后，建筑公司鉴于当时建筑任务的需要，曾与河北省协议续订合同，而河北省因农村劳动力十分紧张，要求将期满的合同工放回农村，所以双方没有达成协议。此后，不少公社派干部来京或写信要工人回乡，引起工人的思想混乱。北京市建筑公司为了稳定工人情绪，便于 1959 年 1 月决定将河北省的 17928 名合同工转为正式工人。河北省有关县、社对这种单方面的决定坚决不承认，继续要求期满的合同工返乡。①

根据 1959 年 3 月 16 日国务院转发北京市劳动局关于处理河北省定县燕赵人民公社来京做工社员问题的报告的批示，指出 1958 年录用的人员“可以继续留用，但须由企业、公社和做工的社员签订三方面的合同”。所以，北京市企业部门单方面将期满合同工转为正式工人，是不符合这个批示的。

劳动力纠纷表现之二在于对合同工转正认定不一致而带来的是否向原社队交款问题。北京市将期满的合同工转正后，许多工人认为自己是正式工人，就不再向社（队）交款，而河北省有关社（队）则不承认他们是正式工人，为了逼使他们还乡生产，提高了交款标准。据大孟江等 5 个村统计，向社（队）交款的有 65 人，其中就有长期工 2 人、学徒工 21 人。中共河北省委曾规定，合同工每月向社（队）交工资的 3% 至 5% 作为公益金和公积金，长期工、学徒工不向社（队）交款。河北省有些社（队）的做法显然是不符合河北省委规定的。

有的工人拒绝向社（队）交款后，有些社（队）便对工人家属采取办

① 北京市劳动局：“关于北京市和河北省劳动力纠纷问题的调查报告”，1960 年 12 月 8 日，北京市档案馆馆藏档案，案卷号 110－1236。

法，要求他们限期找回工人。如限期让工人家属到北京找回工人，让工人家属每顿饭交款五元钱等。对于从北京回乡的工人，也经常用扣留、辩论或没收财物的方法对待。有的村在大年初一将回乡工人叫去开辩论会，指责他们是“走资本主义道路”等。

劳动力纠纷表现之三在于1958年外出的合同工，大部分没有正式办理户口和粮食转移手续，有些党团员的组织关系也没有转移，一直过着临时性的组织生活。

北京市和河北省的劳动力纠纷问题，不仅在建筑工程部门的合同工问题上存在，而且在其他企业部门中也存在。据北京市劳动局的不完全统计，北京市各企业部门在1958年招收的河北省农民有7万余人，1959年也有一些。在对这些问题的处理中，由于北京市和河北省意见不一致，长期未得到解决。河北省认为，合同工是农村人民公社社员，期满后应当返回农村，如企业部门需要，可以续订合同，对于1958年因遭灾外出度荒的合同工，应当大部分遣返，对于两年多来乱招乱拉和吸收的外流人员，应当全部遣返。北京市劳动局认为，1958年招收的这批工人，在各企业中起着很大作用，尤其是建筑部门，占建筑工人的40%多，并已成为建筑业的重要力量，要求留下作为正式工人。双方各持己见。

北京市和河北省的劳动力纠纷问题引起了中央的高度重视，在国务院的调查报告一周之后，国务院领导便要求由劳动部出面召集北京市、河北省双方有关部门召开专门会议，研究解决的办法，并指出1958年到1959年招收的工人原则上全部遣返，但应该具体分析，还需规定返乡工人何时返乡，以及返乡后工人的吃粮问题。[①]

1961年1月30日，北京市对1958年以来招收河北省农民的情况作出了

---

① 习仲勋：“习副总理对‘国务院秘书厅关于北京市和河北省劳动力纠纷问题的调查报告’的批示”，1960年12月16日，北京市档案馆馆藏档案，案卷号110－1236。

调查分析和处理意见。北京市自1958年开始，三年来共招收河北省劳动力8万余人。据对京西矿务局、长辛店机车厂等8个单位的调查，3年间已有22%的工人自动离职、被乡社扣留或还乡了。另外，当时还有划给北京市的通州、顺义等7个县的人员约1万人，这样，到1961年1月实有河北省工人5万余人。其中1958年招收的4万余人，主要是在建筑市政部门，其中有1.9万人是经河北省批准招收的和1958年以前的老预约工，其余大部分是来京投考技工学校的青年学生。1959年招收7000多人，约有6000人是通过取缔“人市”和整顿非法修建队收容起来的，全部安排到钢、煤和市政建筑部门，其中安排在石钢3000余人。商业部门招收摇煤球工约1000人，这些人大部分是1959年以前就在北京做临时工的。1960年招收的3000余人，主要是北京轴承厂和市政工程局等单位吸收的职工家属，其中有的有户口迁移证；各技工学校在退回河北省学生时，因有的已被送外地培训或已迁来户口、患病等原因而留下部分学生。①

1961年1月在北京工作的这5万多人分布在不同的部门，具体分布为：工业部门2.6万人，建筑、市政部门2.7万人，商业及其他部门5000人。在工业部门的2.6万人中，徒工约1.8万人，据长辛店机车厂、北京汽车制造厂、农业机械厂三个单位的调查，当时有河北省徒工2326人，已经出师的有1934人，占83%，这些人都具有了一定的技术，能够独立操作，现已成为工业上的一支新生技术力量；壮工约8000人，主要在钢、煤生产单位，担负着采掘、运输等重体力劳动，而且已成为熟练工人，其中京西矿务局2000余人，石钢公司5000余人，这两部分人都不能送回。②

在市政建筑部门的2.7万人中，技工约9000人，主要是瓦、木、钢筋等

---

① 北京市劳动局：“关于处理1958年以来招收河北省劳动力问题的报告”，1961年1月30日，北京市档案馆馆藏档案，案卷号110-1236。

② 北京市劳动局：“关于处理1958年以来招收河北省劳动力问题的报告”，1961年1月30日，北京市档案馆馆藏档案，案卷号110-1236。

技术工种，很多人已是政治、技术的骨干力量，成为了队、组长和先进队、组的成员；壮工约1.6万人，已经成为生产上的熟练工人；一部分学徒工也出了师。这部分劳动力，过去惯例是开工来、完工走，常年来城市做工，一般的工龄都已很长，已经是生产上的主要劳动力。从北京市基本建设的任务来看，这部分劳动力也是离不开的。

商业及其他部门的人员，主要是生产业务的特殊工种，历年来就与生产单位有工作关系，如每年来北京做摇煤球的临时工，随着生产力的不断发展，由企业单位长期留用了。这部分工人，直接生产首都人民日常生活的必需品，也是离不开的。

根据上述情况分析，北京市委认为这5万多人实际上是不能送回去的。而且北京市从1949年到1959年10年间向外输出了大、中专毕业学生10万多人，其中1958年、1959年两年就输出了3万多人。同时北京市农业劳动力和厂矿企业劳动力均很紧张，这些情况均向中央作过报告，也曾多次向劳动部反映过。因此需将上述工人全部留下，继续参加首都的生产建设。劳动部在1961年1月26日已经找河北省劳动厅长王漫同志和鲁恒同志初步交谈了一次，河北省的意见很坚决，看来无法改变，劳动部要求两地党委正式研究后再议。①

五、劳动力的培训

1958年至1960年这一历史时期，北京市的劳动力培训主要采取技工学校和企业生产学徒培训两种形式。其中，企业生产学徒培训是培养技工的主要形式。

技工学校是新中国成立后发展起来的培养中级技术工人的正规学校，开

---

① 北京市劳动局："关于处理1958年以来招收河北省劳动力问题的报告"，1961年1月30日，北京市档案馆馆藏档案，案卷号110－1236。

始时是学习苏联的经验和模式建立的，劳动部聘请了苏联专家进行指导，由中央和地方劳动部门、企业主管部门或大企业主办，以后发展到大量的企业办技工学校。北京市从1951年开始创办技工学校，第一所技工学校是长辛店铁路技工学校，建于1951年，隶属铁道部。此后一些中央企业主管部门和劳动部门相继办了一些技工学校，而市属的技工学校则创办较晚。据资料记载，1956年的10所技工学校有在校学生4024人（表3－5）。

表3－5　1956年10所技工学校在校学生人数

校名	学生数（人）
长辛店铁路技工学校	689
北京电力技工学校	450
北京机器制造技工学校	484
北京245技工学校	728
石景山钢铁技工学校	213
琉璃河技工学校	372
北京实验技工学校	250
北京第一汽车附件技工学校	324
北京建筑机械技工学校	224
北京市劳动局技工学校	290
合计	4024

资料来源：北京地方志编纂委员会编：《北京地方志·综合经济管理卷·劳动志》，北京出版社，1999年，第198页。

1958年至1960年是北京市技工学校迅速发展时期。1958年，北京市仅有技工学校5所，在校学生5898人，到1960年学校发展到40所，有学生15114人，比1958年学校数量增长了7倍，学生人数增长1.5倍，三年来共培养出学生9732人。① 由于技工学校具有半工半读的特点，不但为国家培养

① 北京市劳动局："三年来技工培训工作总结"，1961年，北京市档案馆馆藏档案，案卷号110－1231。

了大批技术工人，而且通过生产实习教学，为国家创造产值达4226万元。随着生产的发展，学徒工的需求量在逐年增加，三年工业生产共增加工人约11万人，其中有8万多人是由技工学校培养的正式技术工人，这些学徒很快成为生产中的骨干。①

北京市通过一系列措施积极推动技工学校发展。1959年初，北京市组织劳动局技校、航空技校、良乡电力技校、长辛店技校和京西矿务局技校等几个单位，互相检查，互相评比，最后航空技校被评为先进单位。

1958年以前，各技工学校的学制、理论、文化和生产实习的安排很不统一，国家也未拟定统一规定。根据中央关于教育工作的指示和1959年4月在上海召开的全国技工学校工作会议的精神，北京市首先固定学制，招收高小毕业生，三年毕业，毕业时在主要文化方面达到初中毕业水平；招收初中毕业生，学制三年，毕业时在主要文化方面达到高中毕业水平，技术理论知识达到中等技术学校毕业水平，技术操作相当于三、四级。同时要求生产实习与文化、理论、上课时间各占一半或生产实习最多不超过60%。各学校按照这一要求都做了适当的修改，如劳动局技校，把学制由原来的二年改为三年，增加了文化课的比重，缩减了技术理论的课时；高小毕业的学生在技校毕业时，数学、语文、物理、化学四门课程完全达到初中毕业程度，初中毕业生在技校毕业时数学和物理达到相当高中水平，在技术理论方面设有制造、工艺学、材料学等课程。

各技工学校在党的“勤工俭学和教育与生产劳动相结合”的教育方针指导下，开展勤工俭学和生产自足活动。大搞生产是培养学生提高技术的好办法，因为活儿多，生产任务紧，学生技术提高得快；同时进一步证明实习教学结合生产的正确性，不但为国家培养了大批技术工人，还为国家创造了财

① 北京市劳动局：“三年来技工培训工作总结”，1961年，北京市档案馆馆藏档案，案卷号110－1231。

富，办学校不向国家要钱，并且增强了没有实习工厂的学校建立实习工厂的信心，如良乡电力技校生产实习主要依靠对外包工，没有建立实习工厂，当没有任务时就直接影响教学质量和经费自给自足。吸取兄弟学校经验后，其在半年内迅速成立了实习工厂，设有各种机床 60 多台。①

企业生产学徒培训是培养技工的主要形式，1958 年国务院颁布新学徒制度以后，各单位认真贯彻了这一规定，并采取半工半读、技术讲座、业余来学校等措施加强培训。不论采取哪种方法，总的特点是在学徒中重视技术操作训练和理论基础知识教育相结合，这样就不局限于简单的师傅带徒弟的方法了，这是企业生产徒工培训工作的新发展。

此外，北京市企业或外省市企业单位，由于某些生产技术力量薄弱，需要互相委托培训或新建单位委托培训学徒。1958 年以前代培均由各单位自行商议安排，1960 年，劳动部组织全国各地平衡代培任务，本市委托外地代培 11245 人，接受任务代培 8310 人。②

1958 年，全市技工学校在“大跃进”运动中，不顾办学条件和学校容量大量招生。由于教学力量不足，教学质量有所下降，尤其是实习场地和设备不足，许多学生只能到工厂实习，以完成生产任务为主，难以按实习教学大纲组织教学，学生基本功的训练不足，毕业时达不到中级工水平。1959 年，因在校学生数已超过学校规模容量，一般没有招收新生。1960 年，北京市许多工厂都挂出厂办技工学校的牌子，全市技工学校最多时达到过 102 所，再次大批从各地农村招收青年③。这些新挂牌的“学校”根本没有办校条件，有的解决外地学生吃、住都有困难。当年由于整个国民经济发生了困难，加

① 北京市劳动局：“三年来技工培训工作总结”，1961 年，北京市档案馆馆藏档案，案卷号 110－1231。

② 北京市劳动局：“三年来技工培训工作总结”，1961 年，北京市档案馆馆藏档案，案卷号 110－1231。

③ 北京地方志编纂委员会编：《北京地方志·综合经济管理卷·劳动志》，北京出版社，1999 年，第 198 页。

上外地尤其是河北省一些农村青年大量流入北京市，当地农业生产受到严重影响。

综合本章的论述与分析，1958 年开始的“大跃进”，使北京市在业人员在短短三年里增加了近 70 万人。他们主要被安置在工业部门。同时，在“以钢为纲”的指导思想影响下，相当一部分商业、服务业职工转向重工业部门，导致北京市的职工队伍，特别是重工业部门的职工增长过快。从工业企业年末职工人数来看，1949 年为 156317 人，1957 年为 341305 人，到 1958 年增长到 567677 人。1957 年底，市工业职工人数占全市职工人数的比重为 31. 8%；到 1958 年，比重上升到 42%。[①]

从职工的所有制形式来看，1958 年以后，合营企业与原个体经营户通过不同渠道分别转为全民所有制和集体所有制单位。自此以后，全民所有制职工占职工总数的比例一般都在 80% 以上；集体所有制职工所占比例除个别年份达到 20% 以上外，一般为 13%—20%。

可以看出，这一时期在“变消费城市为生产城市”的建设指导思想下，北京城市产业结构发生了重大变化，职工的职业构成也相应地发生了很大变化，出现了畸形结构，这不仅影响城市的发展，而且给就业带来了困难。城市劳动力严重过剩，就业形势恶化，不得不进行调整。

① 北京统计局编：《北京四十年——社会经济统计资料》，中国统计出版社，1990 年，第 167—170 页。

第四章

国民经济调整时期（1961—1965）

为了纠正“大跃进”和人民公社化运动的失误，摆脱生产建设和人民生活中出现的严重困难，党和政府在20世纪60年代初对国民经济进行了重大调整。根据中央的方针政策，北京市从实际出发，严格控制劳动力的增长，加强了劳动力的计划管理。通过试行亦工亦农制度，精简职工，压缩城市人口，组织知识青年、社会闲散劳动力及其家属到农村插队、到国营农场就业或回乡生产等多项措施，从而缓解了城市就业压力，并做到了职工队伍整体的相对稳定。

一、精简城市职工

1960年9月至1963年底，北京市进行了大规模的精简职工。精简职工起因是持续三年的“大跃进”运动造成的严重不良后果。“大跃进”运动造成国民经济比例严重失调，正常的生产秩序遭到破坏，使城乡人民生活陷入困境。为了纠正国民经济发展比例失调的现象，北京市开始压缩基本建设战线，对工业企业实行关、停、并、改等措施。根据中央的方针政策，北京市基本建设投资从1960年的16.8亿元压缩到1961年的6.8亿元，1962年压缩到2.8亿元，对工业企业进行全面整顿。1961年6月，中共中央、国务院决定在全国范围内压缩城市人口、精简职工，当年下达北京市精简职工20万人的指标，其中10万人必须回到农村去，1963年初又下达精简3.85万职工的指标。①

① 北京地方志编纂委员会编：《北京地方志·综合经济管理卷·劳动志》，北京出版社，1999年，第90页。

（一）城市人口的过快增长及其影响

1958 年开始的全国性盲目“跃进”，造成工业化速度过快，基本建设项目过多，战线过长，规模过大，职工人数猛增。1960 年底，北京市职工增加到 190 万人。职工人数和城市人口大幅度增加，使需要商品粮的人口数量也大幅增加，其占全国总人口的比例由 1957 年的 15% 左右提高到 1960 年的 20% 。[①] 为了满足城镇居民口粮需求，国家不得不提高粮食征购率。据统计，1960 年的粮食销量达到 4883. 5 万吨，比 1957 年的 3723. 5 万吨增加 1160. 0 万吨，增长 31. 2% 。[②] 而同期粮食产量却由 1957 年的 19505 万吨下降到 14350 万吨，下降了 26. 4% 。[③] 在 1959 年、1960 年两年粮食产量连续减产的情况下，粮食净征购量仍然提高到占粮食总产量的 28% 和 21% ，远高于 1957 年 17. 4% 的水平。

城镇人口的急剧增长，还加剧了市场供求矛盾。与 1957 年相比，1960 年全民所有制职工工资总额增长 68. 5% ，社会商品购买力增长 49. 2% ，而零售商品货源只增加 23% ，出现了 74 亿元的差额。工资总额的上涨超过了商品货源数量的增长，这又导致市场波动加剧。[④]

同时，农村大量劳动力流入城市，转移到职工队伍中来，削弱了农业生产的劳动力。1958 年至 1960 年，由于大量从农村招工，加上职工家属进城和其他各个方面的原因，致使 1960 年的农村劳动力比 1957 年减少 2300 万人，减少 12% ；农业生产第一线的劳动力减少近 4000 万人，约减少 20% 。因此，每个农业劳动力平均负担的播种面积由 1957 年的 12. 2 亩增加到 1960 年的

---

① 柳随年编：《六十年代国民经济调整的回顾》，中国财政经济出版社，1982 年，第 124 页。

② 中华人民共和国农业部计划司编：《中国农村经济统计大全（1949—1986 年）》，中国农业出版社，1989 年，第 422 页。

③ 国家统计局编：《中国统计年鉴（1983 年）》，中国统计出版社，1983 年，第 158 页。

④ 柳随年编：《六十年代国民经济调整的回顾》，中国财政经济出版社，1982 年，第 124 页。

13.5 亩。[①] 在我国农业机械化水平不高，农业生产主要靠人力的情况下，这严重地影响了农业生产的发展。正如周恩来所指出的，“在我国目前农业机械化水平还非常低的条件下，农业的发展速度不能不在极大程度上决定于使用在农业生产方面的劳动力的数量和质量”。[②] 因此，城市人口的过快增长极大地影响了农业生产。

（二）精简城市人口决策的形成

1961 年 1 月，中共八届九中全会制定了对国民经济实行“调整、巩固、充实、提高”的方针。调整的一项重要内容就是大幅度精简城市人口。

1961 年 5 月 21 日至 6 月 12 日，中共中央在北京举行工作会议，作出了大幅度精简城市人口的重大决策。会上，陈云就动员城市人口下乡发表重要讲话。他强调：“面前摆着两条路要我们选择，一个是继续挖农民的口粮，一个是城市人口下乡。两条路必须选一条，没有什么别的路可走。”陈云作了进一步分析：“工人头一年下去，每人每年一般可以少供应 150 斤粮食，下去 1000 万人就是 15 亿斤，2000 万人就是 30 亿斤，这是第一年的差别，更显著的差别还在第二年。原来家在农村的工人回了老家，原来家在城市的工人到农村安家落户，参加集体生产和分配了，加上自留地有收成了，他们就不要国家供应粮食了。这样，下乡 1000 万人就可以少供应粮食 45 亿斤，2000 万人就是 90 亿斤。”他还指出，工人回乡，总可以生产出一些东西出来，多增产一些粮食和其他农副产品。[③] 会议经过反复讨论，统一了思想，制定了《关于减少城镇人口和压缩城镇粮食销量的九条办法》，该文件是指导城市精简工作的纲领性文件。会议决定在 1960 年底城镇人口 1.29 亿人的基础上，三年

① 国家劳动总局政策研究室资料组编：《劳动问题研究资料》，劳动出版社，1981 年，第 58 页。

② 金冲及主编：《周恩来传（四）》，中央文献出版社，1998 年，第 1577 页。

③ 陈云：“动员城市人口下乡”，1961 年 5 月 31 日，《陈云文选（1956—1985 年）》，人民出版社，1986 年，第 152 页、第 160 页。

内减少城镇人口2000万人以上，并且要求1961年至少减少1000万人，于6月至9月基本完成。1962年至少减少800万人，1963年上半年扫尾。

鉴于农业生产恢复缓慢，粮食供应仍然很紧张，1962年1月11日，扩大的中央工作会议在北京举行。刘少奇向大会提交一个书面报告，其中明确指出，精兵简政问题是当前调整工作中的“首要问题”。2月7日，周恩来在大会上宣布：“中央决定，1962年上半年要继续压缩城镇人口700万人，其中职工要减少500万人。在上半年精简指标实现以后，下半年还要考虑提出新的精简计划。这是克服当前困难最重要的一着，也是调整工作的一个重要环节。”①

随后，中央连续做出精简职工、减少城镇人口的重要决策。在1962年3月的西楼会议上，陈云就克服当时财政经济困难发表讲话，他指出，减少城市人口，是克服困难的一项根本措施。动员城镇人口回乡确实有困难，但是总比从农村征购粮食拿到城市里供给他们要容易。1961年压缩城市人口1000多万人，如果这些人继续留在城市，一年要吃40多亿斤粮食。要向农民多征购40多亿斤粮食是不可能的，就是多征购十来亿斤，甚至几亿斤，也是困难的。让家在农村的职工回家吃饭，在家里匀着吃，比较好办。对于减人，大家一定要下定决心，否则没有出路。②

当时，一部分干部中存在一些错误认识，认为“形势在逐步好转，多用点人没什么”，“减人减过头了，生产受到损失，工作也削弱了”，“把成千成万职工送回农村是不是共产党依靠工人阶级的政策变了”，等等。针对上述错误看法，杨尚昆指出：“队伍大了，人员多了，首先就要多吃商品粮，农民负担不了，工农联盟就有破裂的危险。很多人吃不饱，害浮肿病，就会影响城乡关系。工业内部关系不协调，也会给市场、财政和人民生活带来困难，这

---

① 苏维民：《杨尚昆与三年困难时期精简城市人口和职工》，《百年潮》2008年第10期。

② 陈云：“目前财政经济的情况和克服困难的若干办法”，1962年2月26日，《陈云文选(1956—1985年)》，人民出版社，1986年，第192页。

些对工人阶级都是不利的。”①

1962 年 5 月7—11 日，中共中央在北京召开工作会议（又称五月会议），重点讨论精简职工和减少城镇人口的问题。会议决定在 1961 年减少城镇人口 1000 万人、精简职工 800 多万人的基础上，1962 年和 1963 年两年内，再减少城镇人口 2000 万人、精简职工 1000 万人以上。②

精简职工是当时压缩商品粮供应、压缩城镇人口的主要手段，也是当时一项必然的举措。在国民经济严重困难的局面下，党和政府顺应形势需要，放缓工业化步伐，作出精简职工、减少城镇人口的决策，具有重要意义。

（三）精简职工的实施

为了领导精简职工工作，1961 年北京市委成立了精简领导小组，精简工作是当时全市的中心任务。

1. 精简职工的措施

精简职工可能引起一部分人的情绪波动和极端反应，对社会稳定产生不利影响。为了既达到精简职工的目的，同时又尽可能减少对社会的震荡，中共中央作出周密的部署，制定了具体的政策。中央决定从容易动员的劳动力着手。1960 年 11 月 12 日，中共中央制定的《中共中央关于妥善安排精简下来的职工的通知》中指出：“这一次全面安排劳动力的工作，重点应该放在调整农村人民公社内部的劳动力，压缩各方面的民工，动员那些在城市还没有固定下来、容易回农村的劳动力，如临时工、自流农民和城市里的‘黑人’等到农村去。对于精简由国家开支工资的职工的工作，必须采取积极慎重的方针。”③ 由于这部分职工刚刚离开农村，农村对劳动力的需求也很强烈，这

---

① 苏维民：《杨尚昆与三年困难时期精简城市人口和职工》，《百年潮》2008 年第 10 期。

② 罗平汉：《三年困难时期的大精简》，《文史精华》2003 年第 4 期。

③ 《中共中央关于妥善安排精简下来的职工的通知》，1960 年 11 月 12 日，中华全国总工会编：《建国以来中共中央关于工人运动文件选编（1949 年 10 月—1988 年 8 月）》，中国工人出版社，1989 年，第 926 页。

些职工回乡以后谋生较易。因此，他们纷纷响应政府号召，回乡务农。

北京市精简职工的主要对象是1958年1月以后参加工作的新职工，包括临时工、合同工、学徒和正式工，动员他们回到各自的家乡参加农业生产。对1957年以前参加工作的来自农村的职工，自愿要求回家的，也可以准许离职回乡。家居城市的职工，一般都不精简，但是1958年以后参加工作的新职工，确实自愿回家并有生活保障的，也可以准许离职回家。1957年底以前参加工作的老职工，自愿退休或离职的，可以办理退休或退职，退休年龄可以提前一年，退职后生活有困难的，由民政部门按规定发给救济费。其他不够退休、退职条件的老弱残疾人员，必须有妥善的安排办法以后，才可以处理。对归国华侨、大学毕业生、中等专业学校毕业生、中国台湾籍职工和资产阶级代表人物，不予精简。对原是北京郊区，农民土地已被征用的，身强力壮的家属，工作一年以上的城镇临时工，可以不精简。

北京市精简职工的主要环节是思想动员。凡有精简任务的单位，首先由领导干部召开大会进行动员，讲清精简职工对克服经济困难的意义，号召精简对象积极报名响应。其次就是各部门的人事、劳动部门以及工会、共青团等配合进行个别的说服解释动员工作。精简职工工作还与减少城市人口工作紧密相连，各级公安、民政部门及街道办事处均全力投入这项工作。在北京的中央各部门所属的单位也同时进行。对精简回农村的对象，经过多次动员说服工作仍拒绝回农村的，可以停止工作，停发工资，已经回农村又返回的，一般不予安置，坚决动员回去。

北京市采取的精简办法，一是动员从农村招收进厂的职工，原籍参加生产，二是把一部分城市职工从全民单位退回到集体企业，三是动员回街道自谋职业。

2. 精简人员的安置

被精简的职工，回外省农村的，各地农村都根据中央通知予以接受安置。其他由本市安置的多数是回郊区、县农村。全市农村的公社、生产队等各级组织都认真执行中央和市委的指示，对回农村的人员认真对待，在生产、生活方面加以安排。没有条件去农村的被精简的人员一般都安排到城镇街道，其中生活确实困难的（人均生活费每月9元以下），由民政部门给予救济。精简工作是按照中央和国务院制订的各项政策规定进行的，宣传动员工作比较深入，组织工作比较细致，一般都是先安排好生活或生产条件，然后再减人，因此被精简的职工绝大多数都得到了妥善安置。

重视做好被精简人员的待遇问题。1961年7月18日，北京市劳动局对被精简人员的待遇作出了进一步规定：第一，关于1957年底以前参加工作的临时工被精简时，其工资待遇按1958年以后参加工作的临时工标准处理，不按退职、退休办法处理。本人及其随行家属还乡，则应与正式职工一样，发给车旅费和途中伙食补助费。第二，被精简的人员离开原工作单位时，生产奖金的处理办法是实行月奖的，工作满半个月以上发给全月奖金，不满半个月的不发，实行季奖的，奖金额分月平均计算，按照实行月奖的办法处理。第三，被精简的尚未出师的学徒，或虽已出师但尚未正式评定等级的，不论是否到期，一律不再进行出师或定级。但是，在他们离开原来工作单位时，原工作单位应该为他们所学的工种和学习时间开具证明，以便回乡参加生产或将来再回城参加工作时，对他们这一段学习技术的情况有所了解。第四，按照生活补助计算被精简的学徒的生产补助费时，其生活补贴应该包括伙食费、商用钱和服装补助费（全年25元，按月平均）。从1961年1月到被精简月份这段时间的服装费，应该按照每月平均应领的数额发放，已经领过的少补多不退。第五，技工学校及其他全体学生都享受人民助学金待遇的学校的学生退学回乡参加农业生产的，由学校发放一个月的助学金、回乡的车旅费、伙食补助费，并按照中央通知中规定的标准发放粮票。①

---

① 北京市劳动局："关于被精简人员待遇的若干问题的解释和补充规定"，1961年7月18日，北京市档案馆馆藏档案，案卷号002－013－00009。

1962年7月7日，北京市又对被精简职工的待遇作了补充规定：对1958年以来参加工作满4年以上的临时工和合同工，发给两个月的本人标准工资，长期工和学徒发给3个月的本人标准工资的生产补助费，从同年6月12日起执行；夫妻双方都是职工，一方是来自农村，一方是生长在城里的，一同被精简到农村落户。除发给他们的生产补助费或退职补助费外，再发给生长在城里一方的职工1个月至3个月本人标准工资的安家补助费。①

市精简小组还明确了城市人民公社生产服务人员还乡的待遇问题。北京市城市人民公社生产服务人员还乡待遇，1961年由各区自行规定，项目和标准很不一致。少数区对1958年后参加工作的国营企业正式职工的还乡待遇，发给生产补助费、车船费、旅途伙食补助费等，多数区只发半个月到一个月工资的生产补助费，有的基本上不给还乡费。由于待遇不一致，有的单位特别是不给还乡费的单位，群众有意见，影响还乡工作的顺利进行。

城市人民公社还乡的生产服务人员积极参加公社劳动，对社会主义建设作出了贡献。北京市委认为，这些人员响应党的号召还乡参加农业生产，公社发给一定还乡费，包括生产补助费、车旅费等，是完全合理的、必要的。但是考虑到公社的积累水平和经济负担能力，公社生产服务人员的还乡待遇一般应低于国营企业1958年参加工作的职工的还乡待遇。同时为了避免互相影响，各公社之间待遇应大体一致而又要照顾少数确实发不起的单位。公社还乡人员中由机关、国合营企业下放的职工，按退职或退休处理。由合作社下放公社的手工业从业人员，还乡的也按退职处理。北京市对城市人民公社生产服务人员还乡的待遇规定主要体现在以下三个方面：

第一，公社的一般生产服务人员，在还乡、下乡时除发给他们当月的工资之外，另按照以下标准发给生产补助费，工作不满一年的发给半个月至一

---

① 北京市劳动局："关于精简工作中若干待遇问题的通知"，1962年7月7日，北京市档案馆馆藏档案，案卷号002-013-00009。

个月的本人工资；工作在一年以上不满二年的，发给一个月至一个半月的本人工资；工作在二年以上不满三年的，发给一个半月至两个月的本人工资；工作在三年以上的，发给两个月至三个半月的本人工资。少数公社由于积累很少，或欠债过多，无力按照上述标准法给生产补助费的，可以酌情少发，或只对少数经济上有困难的人员进行补助。第二，还乡人员因本乡是灾区，或者回乡人员过多，无法安置，而安置到外乡的，原来就生长在城市现在自愿下乡落户的，因工伤部分丧失劳动力的，一般除发给应得的生产补助费或者退职补助费外，可根据节约原则，另酌情一次加发一个月至两个半月的本人工资的安家补助费。上述因本乡是灾区或者回乡人员过多无法安置而安置到外乡的，和原来就生长在城市现在自愿下乡落户的人员，如果是职工家属随职工一起还乡、下乡的，国营企业已发职工一份安家补助费，公社就不再发给。第三，还乡人员本人所需的车旅费和途中伙食补助费，由公社根据节约原则按实际需要发给，但应稍低于（如伙食补助费）或相当于（如车船费）国营企业还乡职工的标准。其随行家属的车船费，属于职工家属的由职工所在单位发给，属于非职工家属的，由公社发给，少数公社如果负担有困难时，可以酌情少发。①

妥善安置精简工作中的资产阶级工商业者。为了更好地推进精简工作，维持社会稳定，北京市要求妥善安排资产阶级工商业者，一是坚持尽量不精简、不动员、不强迫的原则；二是在工资待遇等方面给予了尽可能的照顾。具体规定如下：

第一，对于国营、公私合营企业中在职的资产阶级工商业者（指全面公私合营高潮期间和参加公私合营的资本家、资本家代理人，下同）和他们的家属（妻或夫），不下放农村。个别家在农村而又自愿申请回乡的，准许回

① 北京市委精简小组："关于城市人民公社生产服务人员还乡待遇的规定"，1962 年 8 月 23 日，北京市档案馆馆藏档案，案卷号 110 - 001 - 01307。

乡。已经下放农村的，如非本人自愿，应该调回，由原单位另行安排工作。对于自愿回乡的资产阶级工商业者，给予回乡各项待遇。1962 年 1 月 1 日以后已经回乡的资产阶级工商业者，如果未领得回乡待遇的，应该一律补发。第二，对于因企业关闭或被裁而必须精简下来的资产阶级工商业者，不下放农村，妥善地予以安置。要使每个人都有着落，对于其中有技术能力的或者有业务专长的工商者，应该尽量转入其他企业安排适当工作。对于一时确实不能安置的工商业者，在停止工作等候安置期间，其工资（包括高薪部分）和口粮供应标准，和职工一视同仁。第三，凡保留下来的企业，一般不要精简资产阶级工商业者。如果个别企业因为工商业者过分集中，原单位对安排他们确有困难的，当地人民委员会应该负责就地通盘调整，妥善安排。第四，对于安置到其他单位工作的资产阶级工商业者，其原有的工资（包括高薪部分）不变。第五，对于年老、体弱、多病、合乎退休条件的，或者虽然不具备退休条件，但本人完全丧失劳动能力的资产阶级工商业者，分别作退休安置，或者准其请长假。第六，对于县和县级以上的资产阶级代表人物，不精简，不下放农村，对工作必须加以调整的人员，应该安排相应的职务。他们原有的政治待遇和生活待遇，一律不降低。第七，对于生活确有困难的资产阶级工商业者（指生活确有困难的、在职的、等候安置的、退休的以及请长假的人员），分别情况，由工商业联合会或者企业单位酌情给予补助。①

北京市精简职工遗留问题的解决措施。为了巩固精简成果，1963 年精简后期，全市各单位对被精简的职工又普遍进行了复查，对回到农村的派人有重点地进行访问。在复查的访问过程中，发现精简不当或安置不落实的，主动做了安排。全市精简结束后，市、区（县）精简办公室仍保留了专门干部继续处理精简遗留问题，凡是找回来的，都逐一进行了认真处理。属于思想

① 北京市劳动局：“关于执行北京市劳动局关于执行‘国务院关于精简职工安置办法的若干规定’的几个问题的通知”，1962 年 8 月 23 日，北京市档案馆馆藏档案，案卷号 110 - 001 - 01308。

问题的，进行了耐心的说服教育。经过调查，真正需要解决精简遗留问题的是少数，大体有以下几种：

一是夫妻有一方被精简回到农村，另一方仍留在城市，被精简一方又返回城市要求入户。属于男方留在城市，女方被精简回到娘家的，女方被精简回到婆家的，一般没有批准。属于女方留在城市，男方被精简回到农村的，一律没有批准入户。

对这部分人的解决办法是：女方被精简回到婆家的，仍不宜解决入户问题。男方被精简回到农村的，按以下情况分别处理：（1）女方在京有正式工作，男方还乡又没有生产生活条件的，可准予入户；（2）女方在京有正式工作，但男方还乡后有生产生活条件的，将女方作为外迁对象，动员迁至男方较近的城镇安置工作；（3）女方在京没有正式工作的，动员同男方一起还乡，并做好安置工作。动员和安置工作以男方精简单位为主进行，公安部门协助。还乡及安置费用有困难的，由男方精简单位酌情补助。

二是有些老弱残职工，精简后生活困难问题不好解决。老职工因病或非因公致残，丧失了全部或大部分劳动能力，虽享受原工资40%的补助，但生活仍有困难。1958年后参加工作的职工，有的因工伤劳动能力减弱，精简还乡后劳动收入少，又不能享受40%的补助，生活困难。

解决办法是，对上述第一类人，由原精简单位派人与当地民政部门联系，给予一定的生活救济。第二类人，建议国务院制订办法，由当地民政部门进行救济。

三是纺织工业系统精简1957年以前参加工作的老职工较多，不少人要求复职。工厂仅京棉二厂1965年1月至9月就有30人要求复职。工厂对这些人都进行了说服解释，未收回。但是考虑到有少数老工人确实是生产技术骨干，当时精简并不完全妥善，还乡后生活又有困难的，现在生产上又非常需要，在不影响其他工人的情况下，个别地吸收回来，如原京棉二厂工人朱阿兴，男，44岁，共产党员，1950年参加工作。

四是个别职工精简不当。解决办法是对经过调查确属精简不当的，由原单位收回安置工作。

五是外省市精简人员来京落户问题。据市公安局统计，1965 年 1 月至 9 月份，外省市精简人员来京要求入户的共 150 人。这些人都是精简回农村后，又转道来到北京投靠亲友。这些人都不符合在北京入户条件，除动员他们还乡外，如属精简不当的，由原精简单位接回处理；如属安置不落实的，由当地政府来人接回，妥善安置。①

北京市郊区、县农村妥善安置回乡人员。北京市郊区、县农村，据 1961 年 6 月至 1963 年 6 月底的不完全统计，共接收回乡人员 19. 4 万人，其中由北京市各单位回去的 16. 1 万人，由外省市回来的 3. 3 万人，职工 11. 1 万人，职工家属 4. 8 万人，社办企业人员 1. 5 万人，学生 2 万人②。

对回乡人员的接待、安置工作。区、县、社各级党委和各生产队根据中央和市委的指示，对于还乡人员做到了妥善安置，热情接待。区、县和公社成立接待回乡人员办公室，生产大队指定专人负责这项工作。不少公社和大队还召开了回乡人员座谈会，进行访问，向他们介绍情况，传达、听取意见和要求。对回乡人员的口粮、自留地、住房以及必要的生产和生活用具，一般都按照中央和国务院的规定予以解决。多数干部和社员对待回乡人员是热情的，帮助他们解决了一些实际困难，多数回乡人员的思想情绪稳定。

但是，也有少数生产队的干部和社员思想不通，对热情接待妥善安置回乡人员的工作认识不足，没有认真执行中央和市委的指示。这主要表现在两个方面。第一，有些生产队特别是地少人多的队，对下列几种不愿接收：（1）出嫁姑娘不接收；（2）孩子多或年老体弱的不欢迎；（3）对没有房屋的人不愿安置。

---

① 中共北京市办公厅：“关于精简职工遗留问题和解决意见的汇报报告”，1965 年 11 月 5 日，北京市档案馆馆藏档案，案卷号 010 -006 -02310。

② 北京市劳动局：“关于北京市郊区、县农村安置回乡人员的情况和问题”，1963 年 9 月 11 日，北京市档案馆馆藏档案，案卷号 110 -001 -01489。

第二，有些生产队对回乡人员的口粮不落实，不按中央规定办事，其中没有机动粮的生产队比较突出。

对回乡人员的管理教育工作。县、社、队各级都有干部专门负责，能够及时了解回乡人员的意见和要求，教育他们认清形势，发挥干劲，遵守国家的政策法令，搞好集体生产，对表现不好的抓紧教育，因而，回乡人员绝大多数思想稳定，表现较好。但也有的县的回乡人员管理教育工作比较差，因此问题也就比较多。

关于回乡人员还乡以后的表现及其作用，对顺义、通县、昌平、大兴4个县的9个公社26个生产大队接收回乡职工632人的调查情况如下：

从1961年以来，这26个生产队共接收回乡职工632名，其中干部146人、技术工人438人、复员军人48人、党员82人、团员95人、群众455人，包括男性546人、女性86人。在干部146人中，县科长3人，公社书记、主任2人，社办企业正、副厂长7人，会计、统计9人，一般行政干部41人，教员68人，医务人员14人，技术人员2人。在438名技术工人中，电工32人，汽车司机、拖拉机手33人，修理工18人，车、钳、锻、铸等五金机工67人，瓦、木、抹灰、架子、石工147人，缝纫补鞋工49人，其他92人。①

经过了解分析，这632人回乡后的表现，大体分为四种情况：第一，积极参加集体劳动，维护集体利益，热心为群众服务，敢于向不良现象做斗争的有168人，占26%；第二，基本上安心农业生产，参加集体劳动，遵守纪律，但参加社会活动不够积极的有368人，占59%；第三，留恋城市生活，嫌农村苦，轻视农业劳动，不安心农业生产的有48人，占7.5%；第四，单干、搞投机倒把、偷窃或有严重流氓行为的有48人，占7.5%。从上述情况可以看出，回乡人员大多数表现是好的，对加强农业集体经济，起了积极有

① 北京市劳动局："关于北京市郊区、县农村安置回乡人员的情况和问题"，1963年9月11日，北京市档案馆馆藏档案，案卷号110－001－01489。

效的作用。具体表现在：

第一，加强农业战线的领导力量。在632名回乡人员中，有79人、占12.7%的比重，担任了大队和生产队的领导工作，其中，大队党支部正副书记、正副队长12人，监察委员、治保委员8人，团支部书记、妇女主任和民兵连长14人，生产队正副队长45人。此外，还有82人、占13%，担任了大队和生产队的会计保管员、记工员，充实了人民公社基层的业务力量。

第二，在坚持走社会主义道路，巩固农村人民公社集体经济方面起了一定的作用。不少回乡人员在当前农村两条道路的斗争中，能站稳立场、坚持原则，主动地向各级党委反映情况、揭发问题，对单干、投机倒把、瞒产私分等资本主义倾向，进行了坚决的斗争。

第三，加强了农业战线的劳动力，促进了农业生产的发展。据统计，在632名回乡人员中，45岁以下的青壮年有569人，占91.5%；原来干过农活的有463人，占69%。有些社员说："青壮年劳动力回来了，人心就稳住了，生活没个搞不好。"此外，在回乡的438名技术工人中，有49人担任了大队和生产队的电、木、瓦、石、铁工。还有些人平日参加农业劳动，需要时抽调做技术活，这大大增强了农村的技术力量。

（四）精简职工的成效和意义

1. 精简的成效

北京市压缩城市人口的情况。1961年底，北京城市人口为441.1万人，其中常住人口432.9万人，暂住人口8.2万人①。1961年本市城市人口比1960年减少了13万人，市管单位职工精简了12万人。市管单位职工共精简120200人，其中回农村的94400人（1958年以后来自农村的新工人70100

① "北京市压缩城市人口、精简职工情况汇报提纲"，1962年6月30日，北京市档案馆馆藏档案，案卷号002－020－01529。

人），回城市街道的18800人（回家从事家务劳动的10900人，退休3500人，临时工3400人，退职的老弱残人员700人，退职退休回外地城市的300人）；转为集体所有制的5400人（主要是财贸系统的有4000人），调外地工作的1500人。在1961年精简的120200人中，按几个主要国民经济部门来看，工业部门56600人（回农村的44200人），基本建设部门36100人（回农村的33800人），交通邮电部门6600人（回农村的4700人），农林水利气象部门1600人（回农村的1500人），城市公用事业部门1200人（回农村的900人），商业饮食服务部门13300人（回农村的5700人），科学研究文教卫生部门4800人（回农村的3500人）。①

1961年到1962年底是精简职工的高峰时期。到1962年底，北京市共精简职工44.58万人，其中干部职工为27.2万人，职工家属为4.06万人，大专学生增加0.97万人，其他社会居民为5.8万人。此外郊区、县城镇人口转为农业人口8.5万人。②

1963年是精简职工的收尾阶段，自1960年9月至1963年底，全市共精简职工63.02万人，其中回农村35.03万人，同期新增加职工25.68万人，增减相抵净减少了职工36.61万人，其中1960年9—12月净减1.16万人，1961年净减14.01万人，1962年净减14.82万人，1963年净减6.62万人③。

2. 精简的意义

精简职工，减少城镇人口规模，是国民经济调整的一项重要措施，具有重大意义。

第一，减少了粮食销量。通过精简城镇人口，粮食购销量相应减少，国

---

① “北京市压缩城市人口、精简职工情况汇报提纲”，1962年6月30日，北京市档案馆馆藏档案，案卷号002-020-01529。

② “北京市压缩城市人口、精简职工情况汇报提纲”，1962年6月30日，北京市档案馆馆藏档案，案卷号002-020-01529。

③ 北京地方志编纂委员会编：《北京地方志·综合经济管理卷·劳动志》，北京出版社，1999年，第91页。

家减少了对农村的粮食征购。在1961年7月1日到1962年6月30日这一个粮食年度，城镇比上一年度少销售粮食58亿斤。[①] 据1962年7月3日中共中央发出的《关于严格控制和合理压缩城镇粮食销售量的通知》，1961年到1962年城市和乡村粮食销售量同上一年度比较，有了很大的压缩。城镇粮食销量，预计可以从上一年度的521.5亿斤压缩到470亿斤，减少55亿斤；乡村粮食销量，预计可以从上一年度的417亿斤（包括周转粮在内），压缩到270亿斤（不包括周转粮），减少147亿斤。城乡合计，预计共可减少202亿斤。

第二，增加了农村劳动力。在农业机械化之前，人力的多少与粮食收成有着密切关系。“大跃进”中大量抽调农村劳动力从事工业，是造成农业减产的重要原因。

精简城镇人口到农村，有力地促进了农业生产的恢复和发展。全国在大精简中精简下来的近2000万名职工中，有67%的职工回到了农村。农业生产第一线的劳动力，1962年底达到了21373万人，超过了1957年的20566万人。[②] 到1963年末，全国农业劳动力达22468万人，比1960年末增加5449万人。[③] 这些精简回乡的职工，成为恢复和发展农业生产的重要力量。城镇人口精简以后，全国城乡人口比例、工农业劳动者比例趋于合理。这对于城乡人民战胜灾荒、走出困境起到了重要作用。

第三，减少工资开支。通过精简职工，减少了国家工资支出。1960年全民所有制单位职工工资总额是263亿元，1961年比1960年减少了19亿元，1962年又比上年减少了30亿元。[④] 在当时消费品短缺、价格上涨过快的情况下，减少全国工资总额，对于平衡财政收支，回笼货币，缓解通货膨胀的压

① 国务院财贸办公室：“关于粮食问题的报告”，1962年7月28日，载于国务院财贸办公室编：《有关财政、金融、贸易、粮食工作的中央文件汇编（1962年7—9月）》。

② 罗平汉：《大迁徙——1961—1963年的城镇人口精简》，广西人民出版社，2003年，第257页。

③ 柳随年编：《六十年代国民经济调整的回顾》，中国财政经济出版社，1982年，第134页。

④ 宋新中：《当代中国财政史》，中国财政经济出版社，1997年，第311页。

力，稳定市场，起到了有力的作用。

第四，大大地提高了劳动生产率。1963 年初，国民经济发展开始好转。1963 年至 1965 年北京市工业总产值平均增长 12%，基本建设投资额年平均增长 41.3%。

总之，国民经济调整时期精简职工、城镇人口，有效地缓解了城市就业压力。同时，也有利于缓解粮食供应紧张局面，加快农业的恢复。

（五）精简工作的总结

北京市在三年多时间精简了 60 多万名职工，极大地缓解了当时国民经济困难的局面，但在精简工作中出现一些处理不当之处，使被精简的职工遇到一些实际困难，不断有人到原单位和市劳动部门申诉，要求返回原单位工作。在动员精简时，有一些单位的领导向被精简的人员表示，将来经济好转，单位需要人时，优先从他们中间招收，但以后没有兑现。

1963 年 11 月，市委精简领导小组曾指出，已经回农村的人员，如有因农村受灾得不到安置的，可经劳动部门逐个审查核实后，安置到国营农场、林场或集体所有制企业工作，但安置的人不多，不久即停止进行。此后每年都有一些人到北京上访，要求复工，但因这个问题波及面很大，一直没有解决。

尽管精简职工过程中存在上述这些问题，但应该看到，20 世纪 60 年代初，压缩职工和城市人口数量巨大，工作极为艰辛。当党和政府"开始下决心在城市减人的时候，也很怕会发生像自杀之类的情况，会有很多困难"。[①] 实际上，2000 多万人从城市下放到农村，没有出大的乱子，这是很不容易的。当时就有人评论说："这像一个中等的国家搬家，这是史无前例的，世界上也没有哪一个政权能够这样做。"[②] 这首先归功于广大人民群众体谅国家的困难，

① 陈云："粮食问题与市场问题"，1961 年 11 月 10 日，《陈云文集（第三卷）》，中央文献出版社，2005 年，第 384 页。

② 金冲及主编：《周恩来传（四）》，中央文献出版社，1998 年，第 1643 页。

响应党和政府的号召离城回乡。正如毛泽东所感慨的："我们的人民好啊！几千万人招之即来，挥之即去。"① 人民群众，特别是被精简人员为国家救灾工作大局所做的贡献是不应被遗忘的。其次，成功精简大量城镇人口，还应归功于我国社会主义制度集中力量办大事的制度优势。在这种制度下，中央政府具有强大的资源调配能力，能够在短期内完成这样的艰巨任务。

总体来说，这一段工作基本上是好的，没有发生闹事。从生产上来看，有些企业，像北京酿酒厂、长辛店车辆厂等，由于及时安排调整好劳动力和充分发挥了老工人的积极性，走的人虽然比较多，走的时间又比较集中，但生产上未受什么影响。只是商业、服务行业中，摇煤球、粪便等工人、澡堂、理发工人走得较多，业务一时受点影响。这一段时间的工作虽然比较好，比较顺利，但是也有些问题。如城市失业人员不断增加，全市失业失学人员原有约两万人，之后又有被组织劳动的人放回街道，而外地也不断地有将本市人口精简回来的。因此，失业人员不断增加，社会秩序也受到影响。

二、经济调整中的北京市就业

根据1960年中央提出的"调整、巩固、充实、提高"国民经济方针，北京市着手压缩基本建设战线，精简职工。为了精简职工，又兼顾稳定职工情绪，推动生产发展，北京市一方面在工矿企业中开始严格控制增加工人，停止从社会上招工，严格限制临时职工的招收和使用，制定了国营企业使用临时职工、全民所有制单位使用临时职工的具体实施办法；另一方面允许在一定条件下将从事经常性的临时工转为长期工。同时，在集体所有制手工业的劳动力使用方面作出了灵活规定。这一时期，上山下乡和城市招工的矛盾凸显，很多单位急需劳动力，而社会上又有很多青年没有得到安排。

---

① 薄一波：《若干重大决策与事件的回顾（下）》，中共中央党校出版社，1993年，第1061页。

（一）严格控制职工数量的增长

严格控制国营企业增加职工。北京市规定，国营企业增加职工必须严格控制，确实需要增加职工时优先从有多余人员的单位中调剂解决，不能随便从社会上招收新职工。企业从社会上招收职工时，除矿山、森工、盐场以及其他因用工地点在农村而又必须招收农村劳动力的之外，应当在城市招收。对家居城市、有劳动能力的，原单位增人时，应当优先录用。对于家居农村的技术工人，本人要求工作而原单位又需要的，也可以重新录用。对于城镇中新成长青年的安排，应当是在满足征兵和招生的需要之后，首先满足国营企业招工的需要。国营企业招工的质量必须保证，以利于纯洁和精干职工队伍。

严格规定临时职工的招用。为了更好控制城市人口，1962 年 12 月 13 日，北京市制定了《关于国营企业使用临时职工的暂行规定的实施办法》，对国营企业招收和使用临时职工作出了严格的规定，加强了临时职工的计划管理。企业在正常的生产和业务范围内使用的临时职工，应当纳入年度劳动计划，在已经批准的年度劳动计划以内使用临时职工时，应当按季提出招用计划（分月列出人数、工种和条件），报劳动部门平衡调配。各单位经批准使用临时职工时，应首先由企业主管单位或劳动部门从其他单位暂时多余而又适合需要的职工中借调。必须从社会上招用时，应经劳动部门批准，到指定地点招用。如需在农村招用临时职工时，应经市劳动局转报市人民委员会批准，一律不得自行招用。①

为了完成精简任务，严格控制增加职工，北京市对全民所有制单位使用临时职工进行了严格规定。规定从 1963 年 5 月份开始，市各区、县对全民所有制企业、事业、机关单位介绍临时职工，劳动计划未正式下达到基层单位

① 北京市人民委员会：“制发执行国务院关于国营企业使用临时职工的暂行规定的实施办法”，1962 年 12 月 13 日，北京市档案馆馆藏档案，案卷号 153 - 004 - 00654。

以前，除市、区、县属机关及团体单位经市编制委员会批准，各区、县劳动科可按批准的证明组织供应外，在京中央直属单位和市、区、县属单位、事业单位，须经市劳动局批准，才能供应。①

将从事经常性工作的临时职工转为长期工。20世纪50年代开始，企事业单位曾招用了一些临时职工或合同工从事经常性的生产或工作，精简中这些人仍然保留了下来，到1963年大都成为生产、工作上的骨干力量。为了稳定这些人的情绪以利于生产、工作，国务院认为，各企业、事业单位应当结合当前的调整工资、转正定级工作，对精简后保留下来的临时工进行一次清理，凡是1960年以前进入企业、事业单位从事经常性生产或工作，现在已经成为生产、工作上的骨干，可以在国家已经批准的1963年的劳动计划人数以内，将他们转为长期工人②。这里的“1960年以前”，包括1960年进入企业、事业单位的临时职工，而1961年1月1日以后进入企业、事业单位的临时职工，则不能转为长期工。所谓“生产、工作上的骨干”，是指已经掌握了一定的技术和业务，生产、工作上长期需要，而又确实离不开人员的。关于临时职工转为长期工人的批准手续，是指不论中央或地方企事业单位，都应当首先报请所在地的劳动部门审查汇总，并提出意见后报请省市劳动厅（局）审查批准，由省市劳动厅（局）抄送劳动部和有关企业主管部门。

为了控制固定工人数，国务院同时规定，担任临时性工作的临时职工，不论其参加工作时间多长，都不得转为长期工人，并且应当在工作完毕后，即予辞退。上述长期从事经常性的生产、工作的临时职工转为长期工人的时候，不论属于中央企业或地区企业，都应当报请省、自治区、直辖市劳动厅（局）审查批准，并抄送劳动部和企业主管部门。

---

① 北京市劳动局：“关于严格控制全民所有制单位使用临时职工的通知”，1963年4月28日，北京市档案馆馆藏档案，案卷号110－001－01458。

② “国务院关于从事经常性工作的临时转为长期工问题的通知”，1963年7月12日，北京市档案馆馆藏档案，案卷号110－001－01458。

在国务院发出《关于从事经常性工作的临时工转为长期工问题的通知》后，北京市立即对转长期工的有关申请手续进行了具体部署。规定各单位申报临时工转长期工的工人，必须是1960年底以前招用的，在本市有城镇正式户口的居民①。

集体所有制手工业企业的劳动力管理。在精简职工和压缩城镇人口过程中，集体所有制手工业企业劳动力管理面临一些问题，如全国各地反映的手工业工人带子女进社（厂）学艺、老弱残人员以子女顶替，少数老艺人精简后又收回以及临时工转长期工、使用临时工等。为了适应手工业生产恢复和发展的需要，国家制定的方针是一方面允许手工业社、厂吸收艺徒，鼓励手工业工人带子女进社进厂学艺；另一方面又要防止增加城镇人口和手工业社、厂的社员职工。对此，国家进行了具体的规定。

关于集体私有制手工业企业（包括手工业合作社、合作工厂、合作小组，以下简称手工业社、厂）社员职工带子女进社进厂学艺和老弱残人员子女顶替问题。考虑到我国手工业历史悠久、技艺精湛，富有民族特色和地方风格，许多产品闻名中外，是民族文化宝贵遗产的一部分。为了继承和发扬手工业优秀的传统技艺，积极培养和补充手工业技术后备力量，当时认为，有计划地安排青年学艺，鼓励手工业工人带自己的子女进厂进社学艺是十分必要的。为此，各地劳动部门和手工业联社进行了具体的把关，符合下列情况可作为吸收的对象：一是确实是为保持和发扬优良传统技艺所必需的；二是行业有发展前途，生产中需要有某些专门技术，而正是缺乏这些技术后备力量的；三是对其中老技工、老艺人的子女进社进厂学艺，应当优先加以照顾，以发扬“子承父业、父教子学”的传统习惯；四是在市、县联社同意的手工业合作组织劳动计划以内，并经手工业社、厂所在地县、市劳动部门审查同意。

---

① 北京市劳动局：“关于执行市人委转发国务院‘关于从事经常性工作的临时工转为长期工问题的通知’有关申请手续的通知”，1963年8月3日，北京市档案馆馆藏档案，案卷号110－001－01458。

吸收的对象限于家居城镇的失学青年，对于父母在城市做工、子女在农村要求进城学艺的，暂不吸收。对于退休、退职、因工残疾和死亡的社员、职工，手工业社、厂需工，可以允许他们的子女进社进厂学艺，或者顶替其工作，顶替的子女，原则上是家居城市、身体健康、年满16周岁以上。审批手续一般由基层手工业社、厂提出计划，经市、县联社同意，报市、县劳动部门批准。

关于少数已经下放农村的手工业名师巧匠、老艺人的收回复职问题。国家规定对于集体所有制手工业企业已经精简下来的人员，原则上不应当再收回。某些确因精简不当而生产迫切需要的，特别是生产传统名牌产品的名师巧匠和老艺人，各地手工业部门可与当地劳动部门研究提名，报省、市、自治区精简小组批准后才可收回复职。在收回复职的时候，其原领的生产补助费应该一次退回或者分期退回，如有困难，可以根据具体情况，酌情适当减免。复职后仍执行原来的工资待遇。退职后复职前的时间不计算工龄，退职前和复职后的连续工作时间可以合并计算连续工龄。

关于手工业社、厂中从事经常性生产工作的合同工转为长期工的问题。国家规定1960年以前进入手工业社，从事经常性生产工作的临时工或合同工，已经具有一定技术水平成为生产上的骨干的，可以转为长期工人。但对担任临时性工作的临时工，不论其参加工作时间多长，都不得转为长期工人，在工作完毕后，应予以辞退。对于吸收入社的临时工，没有经过县、市手工业联社的批准，基层社不得随意发展。

关于手工业社、厂使用临时工问题。手工业生产具有季节性大、适应性强的特点，在生产任务繁忙的情况下，经市、县手工业联社批准和劳动部门备案，可以雇请少量的临时工。但手工业社、厂在生产上和当地居民、家庭手工业者的传统协作加工关系，不作为使用临时工问题处理。①

① 中华全国手工业合作总社、中华人民共和国劳动部："关于集体所有制手工业企业劳动力管理工作中几个问题的通知"，1963年12月14日，北京市档案馆馆藏档案，案卷号110－001－01602。

北京市结合本市具体情况，针对市属集体所有制手工业企业，在子女顶替问题上，规定手工业企业职工带子女进厂学艺，必须在批准的劳动计划以内；手工业企业退休、退职的职工以子女顶替或职工带子女进厂学艺的方法，可以试行，但手工业合作社未经过批准实行退休办法以前，只限在退职职工中实行以子女顶替的办法。在办理时，由联社（公司）报经市手工业合作总社批准；带进厂和顶替的子女，只限家居本市城镇，非在职在学，有正式户口，年满十六周岁以上的职工子女或其他赡养亲属；在办理顶替时，必须先行或者办理被顶替职工的退休、退职手续。

对少数已经下放农村的手工业名师巧匠、老艺人的收回、复职问题，国家规定，对已经精简的人员，原则上不应当再收回。确因生产迫切需要，须经联社研究后提名，市总社审查，报市劳动局批准后，才可以收回复职。在收回复职的时候，其原领的生产补助费原则上应该退回，特别困难的，可以酌情减免。复职后仍执行原来的工资待遇，退职后复职前的时间不计算工龄，退职前和复职后的连续工作时间可以合并计算连续工龄。同时规定，手工业企业中的合作工厂，凡可以使用临时工的工作，应尽量使用临时工，少用固定工。①

1964 年 11 月，北京市颁布了《手工业管理局劳动力管理暂行办法》，对手工业的劳动力管作了正式规定，加强了手工业劳动力的统一招收和调配。这项规定突出强调了以下几个方面：一是严禁私招，“凡招收正式工人，包括学徒工，由企业单位编制劳动力规划，经局报请市人委批准，如有私招乱雇等以违法乱纪论处”。② 二是企业间调剂要经市劳动局批准，并规定凡全民所有制企业的工人，可以调给集体所有制企业，但集体所有制的工人不得调给

① 北京市手工业合作总社、北京市劳动局：“关于贯彻中华全国手工业合作总社、劳动部‘关于集体所有制手工业企业劳动力管理工作中几个问题的通知’的通知”，1964 年 9 月 7 日，北京市档案馆馆藏档案，案卷号 110－001－01602。

② 北京市手工业管理局：“关于颁发试行劳动力管理暂行办法（草案）的通知”，1964 年 11 月 9 日，北京市档案馆馆藏档案，案卷号 110－001－01602。

全民所有制企业。三是加强学徒工的使用和管理，“对学徒工的处理，不得借故解除合同或令其退学。学徒工确定工种半年以后，不得任意改变其工种，如确因工作需要而必须改变工种者，须经单位行政领导批准，报公司备案。改变工种在五人以上的，报主管公司批准。各单位对学徒工应定期进行技术考试”。①

（二）扩大就业与限制招工的矛盾

北京市从1961年开展精简工作以来，几年中很少增加新职工，又抽调了许多技术骨干支援了中央国防重点单位，许多老企业迫切感到后继无人，不能适应生产发展的需要。加上备战的形势对一些工种，如机电工人、汽车司机等的需要，有义务不断输送出技术力量支援内地建设。因此，需要增加一些新工人，储蓄一些后备力量。

面对劳动力紧缺的状况，北京市提出企业尽量要做到增产不增人。北京的工业交通、建筑、财贸等部门贯彻增产不增人的精神，在增加品种、提高质量、增添设备、新建扩建项目任务加大的情况下，挖掘了一部分劳动潜力，自己解决了一些需要补充的劳动力。但是，随着生产事业的发展，劳动力仍然比较紧张。到1965年8月底，这几个部门急需增加劳动力16860人，其中工业交通部门10900人、建筑市政部门4960人、财贸部门1000人。从劳动力需求的性质来看，新建扩建项目要3640人，增加新产品、新品种要1350人，老产品增产要300人，支援出去技术力量要求补充6700人。此外，城近郊区属城市公社工业也要求增加近4000名劳动力。从北京市总体情况来看，1965年初，北京市各方面提出的需要增加的劳动力有24705人，其中固定工7705人，临时工17000人。而1965年中央下达给北京市的劳动计划，除分配大、

① 北京市手工业管理局：“关于颁发试行劳动力管理暂行办法（草案）的通知”，1964年11月9日，北京市档案馆馆藏档案，案卷号110－001－01602。

中专院校的学生增加了指标8000人外，全市职工仍维持在1964年底的人数，没有增人的指标。同年，北京市近郊区不能升学的和往届的中学生共5万人，已经上山下乡参加农业生产1.4万人，城市招工1.5万人。同年底还未得到安置的知识青年有2万人，包括1965年中学毕业生9500人。从数字上来看，劳动力资源和城市招工需要量相差不大。但是，为了教育青年服从国家需要，北京市于1965年初实施“不报名上山下乡，不服从组织分配，暂不分配工作”的办法，这样报名上山下乡可以安排的只有3000余人①。

不报名上山下乡，暂不分配工作的政策使得劳动力安排比较被动。一方面，很多单位招工急需要人；另一方面，社会上有2万名青年的工作没有得到安排。如果马上安排那些未报名上山下乡、不服从分配的人员，不仅有些干部思想不通，而且不利于上山下乡工作，不利于以后对青年和家长的思想教育工作。

为解决上山下乡和城市招工的矛盾，北京市倡导对已经报名的上山下乡、服从分配的青年，适当安排城市就业；对不报名上山下乡、不服从分配的青年，则继续加强思想教育，使这些知识青年服从祖国的需要，服从统一分配；对不报名上山下乡、不服从分配的青年，原则上不安排工作，但对少数确有实际困难或在城市安排影响不大的，也可以安排在城市就业。依据这些做法，同年即安排了4000人左右在城市就业，在一定程度上缓解了中央在京单位及市建筑工程局等单位的用工需要。

（三）安置闲散劳动力

在城市用工矛盾突出的同时，城市新成长劳动力和社会闲散劳动力无法安置。仅1963—1965年3年中，北京市城镇新生劳动力和社会闲散劳动力在

① 北京市劳动局：“关于市属工业交通、建筑、财贸部门要求增加一些劳动指示的请示”，1965年8月31日，北京市档案馆馆藏档案，案卷号110－001－01642。

11 万人以上。

北京市城市闲散劳动力情况。北京市开展精简工作后，社会闲散劳动力增长很多。到 1962 年 8 月，社会闲散劳动力有 3 万余人，另有应届不能升学的初、高中毕业生 2 万人，共计 55000 人要求就业①。1963 年，市居民中有社会闲散劳动力 5 万人，包括初、高中毕业生不能升学的 3 万多人②。除了城市居民中的闲散劳动力，在丰台、朝阳、海淀等近郊区的农村人民公社中，有些社队由于大量土地被基本建设所占，被精简下来的职工和不能升学的高初中毕业生大量还乡，再加上严禁企业事业使用农村临时工，致使有些社队出现了劳动力有大量剩余的现象。有的郊区常年剩余精壮劳动力 4000 人左右，这些人大部分是历来进城的建筑工人。不少具有劳动能力的人一时没有就业出路，生活困难，迫切要求工作。也有一些人回街道后，表现不满，甚至从事扰乱社会秩序的活动。

安置这些社会闲散劳动力的方针政策、办法。为了做好闲散劳动力的安置工作，北京市坚持以农业为基础和压缩城市人口的方针，对多余职工尽量不减回城市，对一些条件适合可以参加农业生产的，组织一批到国营农场去，对不能参加农业生产，不适合做临时工而又生活困难的人，广泛组织他们从事生产自救性的群众服务工作，安置到郊区和外地共有 1722 人，其中去郊区国营农场的 1459 人，京西煤矿的 78 人，修建森林铁路的 185 人。同时，城近郊区先后恢复了劳动力介绍所，通过各种办法，先后介绍 4 万多人找到了工作。其中有 15000 人到财贸系统和其他部门做季节工、临时工；组织了生活困难、体力稍差的 4000 多人成立劳动服务站，从事居民及机关单位的灵活服务工作，动员了 700 多人下井采煤，动员还乡 2000 多人，24000 多名初高中

① 北京市劳动局："关于城市闲散劳动力安置处理情况的报告和今后意见"，1963 年 2 月 21 日，北京市档案馆馆藏档案，案卷号 110－001－01468。

② 北京市劳动局："关于北京市社会闲散劳动力的情况和处理问题的意见"，1963 年 7 月 18 日，北京市档案馆馆藏档案，案卷号 110－001－01468。

毕业生到工、矿、财贸等部门顶替职工还乡或补充徒工。[1]

采取这些措施后，大量社会闲散劳动力得到安置，不仅适当解决了他们的工作、生活问题，而且对稳定社会秩序也起到了一定作用。安置社会闲置劳动力所起的作用体现在以下几个方面：一是保证了各单位临时（季节）生产（工作）任务的需要，并顶替了一些职工还乡生产，为煤矿、建筑部门以及商业、煤建系统补充了一部分劳动力，顶替了部分职工还乡，解决了单位需要的部分壮工，这对进一步精简职工和压缩城市人口起到一定作用。二是组织社会闲散劳动力从事服务工作，方便了市民及机关单位的需要，减少了有关业务部门的压力。如东城区先后组织1200多人，在每个办事处管界成立一个“有活干、无活散”的服务站，使600多名生活困难的劳动力有了生活依靠。他们参加服务站后，承担抬煤、送水、打扫卫生、下户看小孩、洗衣服、照顾病人的工作，由于取费不高，又方便，颇受各方面欢迎。三是在安置工作中，北京市各区贯彻了生活困难的人优先安排的原则，解决了这些人的困难，也节省了国家救济金开支。东城区1962年在安置前，全区有70户闲散劳动力需要政府救济，每月救济金达698元。进行安置后，救济户减为11户，救济金减为165元，三个月就节约近2000元。[2] 四是在安置工作的同时，也推动了对闲散劳动力的管理工作。1962年8月，各区恢复了劳动力介绍所，加强了对劳动力的管理。

（四）亦工亦农制度

亦工亦农制度的提出。对于为什么要提出新的劳动制度，1958年10月21日，时任劳动部部长马文瑞在四川省委劳动工资会议上明确指出：“一则，

---

① 北京市劳动局：“关于北京市社会闲散劳动力的情况和处理问题的意见”，1963年7月18日，北京市档案馆馆藏档案，案卷号110－001－01468。

② 北京市劳动局：“关于城市闲散劳动力安置处理情况的报告和今后意见”，1963年2月21日，北京市档案馆馆藏档案，案卷号110－001－01468。

原来的劳动制度虽然在主要方面是符合社会主义建设需要的，但是存在缺点和毛病，如人员只能进不能出，工资福利方面不适当的职务工资制、计件工资制和奖励办法、劳保待遇上的一些不合理，等等。这些缺点和毛病，对生产的发展有消极作用，如果不改变，仍然会有消极作用。二则，客观情况有了很大的变化和发展，劳动制度不能不作相应的改变。一是生产建设的‘大跃进’。二是人民公社化，国家正处在社会主义建设的‘大跃进’时期，也可以说是人民公社的时代。三是人民群众社会主义和共产主义的思想觉悟大大提高，工人的干劲很大。大体上说，我国在第二个五年计划期内就可以建成社会主义，接着就向共产主义过渡。共产主义并不是那么遥远的事了。为了实现更大的跃进，就要求生产关系、上层建筑能够同生产力的发展更加相适应，促进生产力更快地发展。这样，也就要求社会劳动组织和劳动制度能够不断地有所改进，破旧立新。”①

新的劳动制度基本内容包括五个方面：一切有劳动能力的人都参加劳动；亦工亦农，工农结合；劳武结合；劳动与教育相结合；脑力劳动与体力劳动相结合。在以上五个方面中，从劳动制度的意义上来讲，亦工亦农是根本性的制度。亦工亦农有以下九条好处：一是更便于统一安排调度城乡劳动力，保证工农业生产同时发展的需要，特别是便于解决目前工业大发展所需要的劳动力。二是能够使厂矿在用人方面有回旋余地，更有计划地改善劳动组织，既可以避免过多地招用工人，又可以储备一批后备工人供需要时调用；并且还可以使企业在当时减少职工宿舍和其他福利措施，节约国家的资金。三是能够合理地使用劳动力，避免劳动力浪费，有工作做，无工作务农。四是农民轮流到工厂劳动，学到了工业生产技术，提高了文化水平，就能够促进农业的技术革命，加速农业的机械化、电气化。五是可以使工人既会工、又会

① 中国社会科学院、中央档案馆编：《1958—1965 中华人民共和国经济档案资料选编 · 劳动就业和收入分配卷》，中国财政经济出版社，2011 年，第 97 页。

农，学会多种本领，改变终身束缚于一种职业的情况，对国家和工人本身都有好处。六是能够使农民受到工人阶级生活的锻炼，提高他们的思想觉悟，促进农民的工人阶级化；同时，也能够使工人受到农民艰苦奋斗精神的影响，更加提高他们的阶级觉悟和革命干劲。七是轮流做工，能进能出，可以避免或减少工人的职业病，并且便于处理工人的伤残、老弱等问题。八是便于在企业中坚持执行低工资政策和改行半供给半工资制，有助于国家增加积累，加速建设。九是有利于逐步缩小工人与农民、城市与乡村之间的差别，从而为过渡到共产主义社会创造条件。

亦工亦农劳动制度实行的主要形式。当时我国农业机械化水平还很低，农业生产需要大量的劳动力，而城市社会劳动力又有多余。因此，应该一方面保证农业生产有足够的劳动力，另一方面积极妥善地安置城市需要就业的劳动力。这样，从社会上招用国家职工时，凡是适宜用城市劳动力的，要使用城市劳动力，并尽可能实行临时工制度；凡是招用农村劳动力，必须实行亦工亦农制度。实行亦工亦农制度，大体上可以有以下几种：临时工、季节工、公社生产队包工、轮换工、铁道兵式的义务工役制。

实行亦工亦农制度需要解决的几个问题。实行亦工亦农制度，必须兼顾国家、集体和个人的利益，正确、妥善地处理这三方面的关系。一是企业和公社、生产队都应该安排好生产和劳动力。二是企业和公社、生产队都要加强对亦工亦农劳动者的政治教育。三是亦工亦农劳动者在企业工作期间与生产队的经济关系。四是亦工亦农劳动者在企业工作时的口粮问题。五是企业和公社、生产队都应该关心亦工亦农劳动者及其家属的生活。六是亦工亦农的工资待遇。七是对亦工亦农劳动者，不实行现行的劳动保险条例。八是企业应该同固定职工一样重视亦工亦农劳动者的劳动保护。

亦工亦农制度的试行。1964 年 5 月召开的中央工作会议，要求进行亦工亦农劳动制度的试点。自 1964 年 5 月中央工作会议以后，各地区、各部门根据中央和刘少奇同志的指示，比较广泛地开展了亦工亦农制度的试点，取得了一定的成绩和经验。据27个省、自治区、直辖市的不完全统计，截至1965年6月底，共有2250个试点单位（其中中央企业有194个），亦工亦农劳动者达5200230人（其中，中央企业176731人），其中，实行轮换制的349个单位，共196636人；实行季节工、临时工制的1624个单位，共270725人；实行包工制和其他形式的232个单位，共52875人①。

从试点的地区来看，人数在3万人以上的，有四川、贵州、山东等5个省区，其中四川省试行的人数最多，达135000人；人数在3万以下、1万以上的，有上海、安徽、广东等8个省市；人数在1万人以下的，有陕西、江苏、辽宁等14个省区。②

试行的行业，有矿山、森林、建工、建材、邮电、纺织、商业、水产、交通运输、水利电力、地质勘探、农村各站以及农副产品收购加工等30多个行业。试行亦工亦农制度的工人，多数是劳动强度大、技术比较简单和有害身体健康的工种。

试行亦工亦农制度的形式多种多样，如轮换工；季节工和临时工；社队包工；厂、社挂钩，站队结合；纺织企业实行农闲多开班，农忙少开班，农村小型农机厂、砖瓦砂石厂、小煤窑等实行农闲做工、农忙务农的制度；商业在农村产品的购销上的代购代销、代管代养；义务工役；等等。

通过一年来的实践，实行亦工亦农制度具有很多优点：一是可以做到用人能进能出，合理使用劳动力。二是企业减少了开支，减低了成本，提高了劳动生产率，增加了积累，从而促进了工业生产的发展。三是可以控制城市人口和商品粮销售量的证据，节约企业生活福利设施方面的投资。四是可以使提供劳动力的社队增加收入，帮助穷队和参加亦工亦农的贫下中农解决部

① 中国社会科学院、中央档案馆编：《1958—1965中华人民共和国经济档案资料选编·劳动就业和收入分配卷》，中国财政经济出版社，2011年，第114页。

② 中国社会科学院、中央档案馆编：《1958—1965中华人民共和国经济档案资料选编·劳动就业和收入分配卷》，中国财政经济出版社，2011年，第114—115页。

分困难。五是可以提高亦工亦农劳动者的文化技术水平，有利于农业的技术改进。总之，实行这种制度，对国家、对集体、对个人都有很大好处，有利于多快好省地发展工农业生产和其他事业，加速社会主义建设的进程。同时从长远来看，它是逐步缩小和消灭工农差别、城乡差别，从而为过渡到共产主义创造条件的重要办法。

试点工作中存在一些问题，主要包括：许多同志对两种劳动制度的重大意义还认识不足；对许多具体政策问题还不够明确，个别单位对 1957 年以前参加工作的老工人处理得不够稳妥，个别单位对工资福利待遇规定得偏高；城市里的企业试点很少，尚无经验。

针对试点存在的问题，国家采取的措施：一是在试行亦工亦农制度时，对待老工人的问题是个重要的原则问题，必须慎重对待，必须坚持贯彻依靠老工人的方针。二是原有固定工人中，属于自然减员（退休、退职、死亡、开除等）后从农村补充的新工人，都试行亦工亦农。三是原有的季节工、临时工已改为固定工的，在本人自愿、社队同意的条件下，也可以改为亦工亦农劳动者。四是对老、弱、病、残职工的处理，不能同实行亦工亦农制度混淆起来。老、弱、病、残职工妥善安置后，需要补充的新职工，可以实行新的劳动制度。五是动员老工人下乡，要画条杠子。对 1957 年以前参加工作的，除本人要求回乡，可按退职处理、安置回乡外，一般的不进行轮换；对 1958 年以后来自农村的工人，在本人自愿、社队同意和安置落实的条件下，可以先按退职处理，然后再进行轮换。

北京市亦工亦农劳动制度。北京市进行了亦工亦农的试点工作，从 1964 年 8 月开始，到 1965 年 5 月，试行 6000 多人。[①] 试点的行业有拖拉机站、公路养护工、砖瓦厂、煤矿、郊区的针织厂、有害身体健康的工种、铁路车站

---

① 北京市计划委员会："关于城市人口、劳动力安置和半工半读、亦工亦农问题的第三个五年计划初步规划方案"，1965 年 5 月，北京市档案馆馆藏档案，案卷号 133－001－00358。

的装卸工以及郊区电力维修工等。

1965 年试行的人数扩大到 4 万人，在总结试点的经验基础上，统一认识，并有计划地、积极地在一部分适合搞亦工亦农的企业或工种中扩大试行。适合亦工亦农的行业，主要有：郊区县属的企业事业单位（如拖拉机站、郊区公路养护、农产品加工），建筑市政单位从农村招的合同工，粮食、煤球加工等部门的搬运、装卸工人，以及必须从农村招收劳动力的工种，都要实行亦工亦农的劳动制度（轮换制或合同临时工）。

1966 年全市实行亦工亦农劳动制度的约 5 万人，实行这种劳动制度的有建筑、砖瓦、煤矿、铁路、电力、玻璃、纺织等行业的 34 个单位。其中过去就有的主要有三种：一是使用农村劳动力做临时工、季节工有 28000 多人，其中季节工 13400 余人，主要是锅炉工、打冰工，属于临时政治任务用工（过分公路和市政改河），全市 9500 余人。二是把部分生产任务包给农村生产队，有 6800 余人。主要是铁路、交通运输的装卸、搬运和房屋修缮任务。供销社等单位在农村的代购代销，以肥换工等形式，有 1300 余人。①

存在的主要问题包括：企业生产队和个人对亦工亦农劳动制度的重大意义认识不足，算经济账多，算政治账少；企业单位对亦工亦农工人使用多，教育管理少，生产队认为社员外出做工主要是搞副业，增加集体收入，而外出做工的社员也有单纯为了挣钱的经济观点；有些收入较高的社队，在出人、工资和社队关系上有时不好达成协议；把固定工改为亦工亦农的处理上各方面的认识不统一；同时，在大城市，因为有大批城市知识青年需要安置，这与从农村吸收人员搞亦工亦农有一定矛盾。

由于以上原因，造成亦工亦农工人不稳定，有的回去不干了。据了解，市砖瓦总厂所属八砖瓦厂原有亦工亦农工人 2224 人，一年中走了 459 人，占

---

① 北京市劳动局："关于一九六六年劳动力安排意见"，1966 年 4 月 4 日，北京市档案馆馆藏档案，案卷号 002 - 018 - 00096。

20.6%；市建工局原有亦工亦农工人6888人，走了1372人，占19.9%。建工局五公司五工区原有亦工亦农工人465人，一年中走了102人，占20%[①]。

1966年，在总结经验的基础上，北京市提出进一步完善亦工亦农劳动制度的要求：加强亦工亦农劳动制度的宣传，提高企业、生产队和社员对亦工亦农劳动制度重大意义的认识；亦工亦农工人的工资收入在一定水平下（计件加奖励），可以实行工资大部分收入归己，按期向生产队交纳一定数量的（三元左右）公积金和公益金，不参加生产队的分配办法。已经实行参加分配的单位，应采取逐步过渡的办法；原有工厂或在农村新建厂，应根据工农结合、城乡结合的方针，进一步研究如何更好地推行亦工亦农劳动制度。

事实证明，实行亦工亦农的劳动制度不仅能满足工业生产所需要的劳动力，忙来闲去，能进能出，十分灵活，还有利于减少国家固定职工人数、节省开支减轻城市负担，增加社队和社员收入，有利于巩固集体经济，发展农业生产。同时给社队培养出一批有工人阶级觉悟的技术人才和骨干，为农业技术改造创造了有利条件，在缩小城乡差别方面更有深远意义。

三、城市青年有计划上山下乡

知识青年（以下简称知青）上山下乡是劳动就业的一种特殊形式。在国民经济进行调整期间，严格控制企业增加人员，社会上新成长劳动力的安置问题开始突出。根据中央当时提出的“统筹安排，城乡并举，要以上山下乡为主”的劳动就业方针，北京市组织知识青年、社会闲散劳动力及其家属到农村插队，到国营农场就业或回乡生产，以减轻城市就业的压力。

---

① 北京市劳动局：“关于一九六六年劳动力安排意见”，1966年4月4日，北京市档案馆馆藏档案，案卷号002-018-00096。

（一）城市青年上山下乡的背景

1961年底，为了协调工业与农业、城镇与农村的发展，随着城市待业青年的增多，国家逐渐将就业重点由精简职工回乡向鼓励知识青年上山下乡转变。

以北京市为例，1962年北京市初中毕业生62000人，高中、师范和中技招生后，剩余40000人，其中城区和近郊城镇剩16000人。高中毕业生16500人，高等学校招生后剩10500人，其中城区和近郊城镇剩9000人。远郊县、区剩余的高、初中毕业生中，有城镇人口3000人。城镇地区不能升学的初、高中毕业生共28000人，其中征兵走了1500人，因此，1962年需要进一步安排工作的是26500人。① 1964年应届不能升学的初高中毕业生32000人，社会青年包括历届毕业生和大中专退学生2万人，1964年需要安置的城市知识青年52000人。② 1965年，北京市有初、高中毕业生97000余人，除升学和回农村的人数外，不能升学的有45000余人，其中高中生8000人、初中生37000余人、社会青年13000人，两项合计共有需安置的城市知识青年58000余人。③

1962年10月，国务院农林办公室召开国营农、林、牧、渔场安置家居大中城市精简职工和青年学生汇报会并发布相关会议报告，将城市知识青年上山下乡纳入国家计划，并且明确安置对象为家居大中城市、在这次精简中被减下来、具有下乡条件的职工和毕业后未能升学或就业、年满18周岁、有独立生活能力的青年学生，以及其他闲散人员。

---

① 北京市劳动局党组、北京市教育局党组："关于城镇地区不能升学的初中、高中毕业生安排意见的报告"，1962年7月13日，北京市档案馆馆藏档案，案卷号110-001-01266。

② "北京市一九六四年安置城市知识青年下乡上山的情况和一九六五年安置意见"，1962年7月13日，北京市档案馆馆藏档案，案卷号110-001-01615。

③ "北京市一九六四年安置城市知识青年下乡上山的情况和一九六五年安置意见"，1962年7月13日，北京市档案馆馆藏档案，案卷号110-001-01615。

随着知识青年上山下乡运动的开展，国营农、林、牧、副、渔场逐渐出现容纳能力不足的问题，并且每人需要约1000元的安置费，使得国家财政负担很重。到1963年5月底，原计划去农、林场33.2万人，只去了15.4万人，因此政府又尝试让精简下来的职工和知识青年下乡插队。

经过一年多的实验，1964年国家出台了有关知识青年工作的纲领性文件，即《关于动员和组织城市知识青年参加农村社会主义建设的决定（草案）》，该《草案》明确规定了知识青年上山下乡的意义、安置方向、安置费用和负责人。

下乡的意义。大批城市知识青年下乡，既有利于稳定农村青年从事农业生产，也有利于更快地形成一支有社会主义觉悟、有文化科学知识的新型农民队伍。同时，也为城市没有升学、就业机会的知识青年开辟了一条广阔的就业门路，使他们通过生产劳动和阶级斗争的锻炼，成为可靠的共产主义事业接班人。

安置的方向。知识青年下乡主要是插入人民公社生产队，其次是插入现有的国营农、林、牧、副、渔场。该《方案》还明确了下乡知识青年的接纳问题。在下乡知识青年到达农村以前，县、社和生产队应有专人负责，充分做好各方面准备工作，住房、自留地、口粮、生产工具和炊事用具等，一定要安排妥当。同时国家每年拿出一笔专款作为安置城市下乡的经费，专款专用。中央决定成立“安置城市下乡青年领导小组”，由时任国务院副总理谭震林负责，各省、市、自治区和有任务的专区县也应由1名主要干部负责，组成领导小组。

（二）组织动员

北京市知青上山下乡进行农业劳动从1955年就开始了，主要是去外省、区，少数到北京市郊区县，可以分为三个阶段。

第一阶段是1955年至1956年，主要是由共青团组织进行的。1955年，毛泽东号召："一切可以到农村去工作的知识分子，应当高兴地到那里去，农村是一个广阔的天地，在那里是可以大有作为的。"当年8月，在共青团中央、共青团北京市委的倡导下，志愿到边疆开荒的杨华等5名青年主动申请去黑龙江省北大荒地区开荒，同年8月16日，《中国青年报》刊登了他们的申请书和照片，并作了以下报道：共青团中央书记处的负责人在共青团北京市委负责人陪同下，接见了垦荒队的5名发起人，赞扬了他们的可贵精神，希望共青团北京市委帮助他们在完全自愿的原则下组织好志愿垦荒队。通过公开宣传、广泛报名、组织批准，当年组织起60人的第一支垦荒队奔赴黑龙江省。8月30日，召开了1500多人的欢送大会，共青团中央领导同志在会上作了"向困难进军"的报告，并授给垦荒队一面队旗。当晚，垦荒队乘火车奔赴北大荒，有170多人到车站欢送。1956年1月，共青团北京市委组织了第二批去北大荒的青年志愿垦荒队，报名的有1500人左右，实际去的有163人①。同年3月18日举行了欢送大会，共青团北京市委授给他们一面红旗，当晚出发去黑龙江省。

第二阶段是1957年至1963年，这一阶段主要是到北京市郊区农村劳动。1957年9月，国务院总理周恩来在中共八届三中全会上指出，城市多余劳动力的就业方向应当是上山下乡，参加农业劳动。这一阶段的组织动员工作以教育部门为主，劳动、公安、农业部门、共青团组织配合。

在动员组织过程中，相关部门坚持自愿报名、家长同意、领导批准的办法。由学校组织毕业生报名，经家长同意后，由学校进行政治和体格检查，经批准后，组织他们参加短期训练班。出发前组织规模较大的欢送大会，各校教师和初、高中毕业生派代表参加，各区各校还分别举行欢送会。在这个阶段，有一些高级领导干部的子女参加上山下乡，1957年，解放军某部少将

---

① 北京地方志编纂委员会编：《北京地方志·综合经济管理卷·劳动志》，北京出版社，1999年，第44页。

李贞亲自为其侄女送行。1963 年，时任全国妇女联合会主席康克清亲自送其孙女上火车。

为配合这项工作，报纸刊登了有关文章，宣传上山下乡的意义和下乡知青的先进事迹。《北京日报》在 1963 年 4 月 25 日、5 月 4 日先后发表的《伟大的开端》《知识青年要走同工农结合的道路》的社论中指出："知识青年上山下乡，是同工农劳动群众相结合的最好办法，是为工农劳动群众服务的具体表现。"同年 7 月 13 日，《中国青年报》报道了立志建设新农村的北京知识青年侯隽（女）在高中毕业后主动到河北省宝坻县落户农村参加农业生产的先进事迹。这个阶段总共有 14353 人上山下乡，其中有 1024 人去了黑龙江[①]。

第三阶段是 1964 年至 1965 年，由市人民委员会直接领导部署进行，多次召开全市性的大会，邀请东北"北大荒"地区负责人介绍北大荒的情况，号召知识青年参加东北边疆的开发建设。具体动员组织工作以区、街道两级行政领导为主进行，共青团、妇联、教育、宣传等部门配合。各街道办事处普遍办起"青年学习班"或"劳动后备讲习所"，按居住地点成立小组，组织青年学习毛泽东著作，树立革命人生观。同时开展群众性的宣传动员工作，市和区都召开家属代表会议，请积极支持子女上山下乡的家长作报告，号召家长支持子女上山下乡。

通过各学校开展活动，向应届初、高中毕业生进行宣传教育，组织初、高中毕业生代表去东北农场参观访问，并举办东北北大荒展览会，向全市中学生讲解介绍所闻所见，同时在已经到东北农场参加劳动生产的学生中选派代表回京，向家长、学校老师和初、高中毕业生汇报、介绍农场情况和个人的经历体会。在学生即将毕业的前夕，为进一步端正学生对参加农业生产的认识，正确对待升学和就业问题，又召开了全市中学毕业生报告会，会上由

---

① 北京地方志编纂委员会编：《北京地方志·综合经济管理卷·劳动志》，北京出版社，1999 年，第 44 页。

万里副市长做了报告。这一阶段对报名的知青条件进行审查把关，组织工作也很严密。

虽然北京市政府对本次工作进行了直接部署动员，但效果并不明显。1964 年，北京市共有待安置的城市知识青年 52000 人，其中计划安置上山下乡参加农业劳动力 12000 人，包括东北农垦总局各农场 4000 人，北京天堂河农场 5000 人，北京其他农场 2000 人，到山西农村插队 1000 人。[①] 自 1964 年 1 月开始，至 11 月底止，仅安置知识青年下乡上山参加农业劳动 2895 人，其中应届初、高中毕业生 753 人，历届学生 2142 人；去东北农场 1017 人，天堂河农场 1500 人，永乐店农场 296 人，到山西曲沃县农场插队 44 人，本市远郊县农村插队 38 人。[②] 1965 年，计划上山下乡安置人数为 20100 人，其中插队 4500 人，插场 15600 人；按安置地区分：宁夏 4500 人，东北 3000 人，山西 3000 人，内蒙古 2000 人，甘肃 1000 人，新疆 600 人，西藏和青海各 500 人，本市 5000 人。到当年 7 月份，仅完成 3633 人，其中插队 47 人，插场 3586 人，已经审查批准等待去宁夏的 350 人，待继续动员以完成的任务的尚有 16100 人。[③]

动员城市知识青年特别是社会知识青年到农村参加农业生产的主要矛盾，首先是“许多青年不愿离开城市到农村参加农业生产，怕艰苦、图安逸，轻视农业，认为当农民没有出息；有些资产阶级出身的子女，对于寄生生活心安理得，极少数的青年，由于较长时间得不到教育和安置，产生了不良行为和作风。不少的青年家长也轻视农业生产，有的视子女为私有财产，让他们留在自己身边，有些人怕子女吃苦受累，不肯让子女到艰苦的环境中锻炼成

① “北京市一九六四年安置城市知识青年上山下乡的情况和一九六五年安置意见”，1962 年 7 月 13 日，北京市档案馆馆藏档案，案卷号 110 – 001 – 01615。

② “北京市一九六四年安置城市知识青年下乡上山的情况和一九六五年安置意见”，1962 年 7 月 13 日，北京市档案馆馆藏档案，案卷号 110 – 001 – 01615。

③ 北京市动员安置城市青年上山下乡领导小组办公室：“1965 年下半年动员和组织城市知识青年上山下乡工作安排”，1965 年 7 月 13 日，北京市档案馆馆藏档案，案卷号 110 – 001 – 01740。

长，不愿组织子女上山下乡”。其次是由于过去几年，城市就业门路较多，上山下乡参加农业生产的人数较少，对组织和动员城市知识青年上山下乡的重大意义宣传不够，因此在广大职工和群众中较普遍的对队员知识青年参加农村社会主义建设的重要性认识不足。没有形成支持和鼓励知识青年上山下乡参加农业生产的社会风气。安置青年上山下乡的工作和城市各单位大量招工、招生同时进行，使学生和社会青年参加农业生产劳动受到了影响；农场要求条件偏高，也使一部分可安置的青年没能得到安置。

为了做好动员社会知识青年上山下乡的工作，北京市采取了一系列措施。

一是将社会知识青年以办事处为单位组织起来，加强教育，提高阶级觉悟，为上山下乡打好思想基础。城近郊区各街道办事处先后成立了“青年学习班”，有的叫“劳动后备讲习所”，按“广泛动员、自愿参加，来者不拒”①的精神，将25岁以下的社会知识青年组织起来，按居住远近编成小组，每个办事处成立学习班或联组，由青年中的积极分子担任班委或联组长。

学习班以学习毛主席著作为主要内容，同时进行国内、国际形势教育和阶级斗争教育。学习方法以自学为主，讲课辅导为辅。讲课师资除领导干部授课及先进人物、老工人作报告外，还由所在地区的中学政治教员担任讲师，一般每周学习三天，有的区还因地制宜的组织义务性或有报酬的劳动。

通过学习，绝大多数青年的思想觉悟有了不同程度的提高，普遍地感到党和政府的关怀，认识到个人利益应该服从国家利益，摆正了个人和家庭的关系，决心走革命化、劳动化的道路。不少的青年在学习中就表示立志上山下乡，在农村的生产斗争、阶级斗争、科学实验三大革命运动中锻炼自己，为祖国的农业建设贡献出自己的力量。

除在各区组织青年学习班外，团市委还举办了青年积极分子训练班，培

① 北京市动员安置城市青年上山下乡领导小组办公室：“北京市关于动员和组织城市知识青年上山下乡的工作报告”，1965年6月9日，北京市档案馆馆藏档案，案卷号110-001-01740。

养训练有条件上山下乡的积极分子，同时各区团委密切配合动员青年上山下乡的工作，发展团的组织，依靠这批骨干力量，在广大社会青年中进行串联、代动、影响，反映和解决青年中各种各样的思想问题，团结广大青年一起报名奔赴农业战线。

对于届初、高中毕业生，学校进行“一颗红心两种准备”的思想教育，既要做好升学的准备，又要做好参加劳动，特别是参加农业劳动的思想准备。

二是大力开展群众性的社会宣传动员工作。动员知识青年到农村去，不但要做好青年工作，还要做好青年一家的工作和他们周围亲友、邻居的工作。这是一项重大艰巨的思想革命斗争，被列为街道办事处一个时期的中心工作，由各区、街道办事处、妇联、共青团等有关部门以及宣传机关共同配合，一鼓作气，广泛的进行宣传动员。市、区和各级领导干部亲自抓，深入青年群众及家长中做教育动员工作。

市、区妇联召开了家属代表会议，请积极支持子女上山下乡的家长作报告，适时地让已到农村参加劳动的知识青年回京作报告。报纸、广播电台等宣传机构，也有计划的配合，及时地报道了知识青年在农村劳动、生活的信息。

在提高青年思想觉悟的基础上，各区召开有知识青年、青年家长和街道居民积极分子参加的动员大会。各街道办事处设立报名站，加灯结彩，设立光荣榜，对被批准上山下乡的青年开欢送大会，在社会上造成上山下乡参加农业劳动光荣的风气。

三是坚持“自愿”和坚持“重在表现”的原则。在工作中，要深入细致地做思想教育工作，坚持自愿的原则，防止简单急躁、强迫命令的做法。要求做好家长工作，对本人坚决要求革命而家长阻拦的情况，要正确地处理，支持青年向家长进行教育。无论是在开始组织青年学习时，还是在动员青年上山下乡或城市招工时，“唯成分论”的思想和做法在不少单位、不少干部中存在，严重影响了青年参加学习和就业。要对这种不正确的认识进行教育，对于家庭出身不好或本身犯过错误的青年，只要他们对家庭有认识，划清政治思想界限，对本人错误有悔改表现，就应本着“家庭问题看本人，本人问题看表现”的原则，同安置单位协商，给予他们劳动生活的出路。

（三）安置

对上山下乡知青主要通过插队与插场两种形式进行安置。安置在农村生产队劳动的称为插队，这是安置人数最多的一种形式，共有47.32万多知青插队，占总人数的71.9%。其中到外省、区插队的有13.32万人，占外省、区北京知青的49.2%；在北京郊区插队的有34万余人，占郊区下乡知青总数的87.7%。在外省插队主要分布在山西、陕西、内蒙古、河北、吉林、辽宁等省。①

对北京知青的安置工作，在此仅以东北农垦总局接收、安置4000名北京青年工作为例进行说明。东北农垦总局对北京知识青年的接收分两批进行。第一批接收1000人，其中1964年初中高中应届毕业生500—700人，1961—1963年历届毕业生300—500人。第二批接收2973人，全部系1964年应届初中、高中毕业生。②

切实做好接收、安置的准备工作。接收工作除农垦总局派4名干部参加北京市安置办公室工作外，主要由各场负责。各场应根据各自接收任务，按每百人派3—4名具有实际工作经验、独立工作能力、政治思想老练、工作积极负责的干部组成接收工作小组（其中应配一名符合上述条件的医务人员），负责政治审查和体格检查工作。组长应由科长一级干部担任，并参加北京市有关区的安置办公室工作，以便互通情况和及时解决可能发生的争议。为使动员教育工作做得深透，政治审查、体格检查工作做得彻底经与北京市协商，

---

① 北京地方志编纂委员会编：《北京地方志·综合经济管理卷·劳动志》，北京出版社，1999年，第47页。

② 东北农垦总局：“关于切实做好接收、安置四千名北京青年工作的通知”，1964年5月11日，北京市档案馆馆藏档案，案卷号110-001-01615。

要求各单位接收干部应提前去北京市协助进行动员教育和审查工作，并在青年学生报名审批后，在北京市就地集训十天左右，进行补充教育和审查。

做好安置工作。为了使知识青年能尽快地融入农场，农场在老职工中进行广泛深入的教育，动员老职工发扬阶级友爱的精神，把方便让给新同志，困难留给自己，处处关心新职工的工作、生活和学习，搞好新老职工间的团结；集训结束后，根据青年的不同特点分配工作，分别参加农业或基本建设等生产劳动。根据城市知识青年缺乏生产知识和劳动习惯的特点，在组织他们参加生产劳动过程中，坚持“由轻到重，由简到繁”的原则，让其参加力所能及的生产劳动。农场高度重视对他们的培养和教育，一般在参加实际生产劳动锻炼一年左右后，根据工作需要，有选择地对优秀的青年进行培养和训练。为了方便新老工人之间互相帮助，互教互学，互相促进，农场对他们进行了适当分散安置。

安置经费。每安置一名青年学生，国家给700元安置费用。其中房建费200元、家具费12元，小农具费10元、生活补助费144元、小型农田水利基本建设费214元、流动资金120元。

工资待遇。暂规定每月25元，入场六个月后进行评定，一般的评为28元，少数好的可评为32元，个别优秀的可评为二级农工待遇；并按国家规定，执行探亲假制度。国家规定每一名青年学生补助棉衣一套，包括棉帽、棉鞋，用布34尺、棉花5斤，棉被一床用布26尺、棉花6斤，其中除棉鞋由各场统一购买，所需经费凭单据向北京市报销外，其他被服等全部由北京市统一制作发给。

接收北京青年的条件和男女比例问题。政治和体格条件原则上按国家规定的“学校招生”的条件执行。但在政治条件方面，边境农场（如二九〇、江滨、名山、八五七、军川等）在审查时可参照公安部门清理边境人员的规定办理，体格条件应以能坚持高寒地区和直接参加体力劳动的原则进行审查。男女比例为各50%，直属事业单位可互相调剂使用。

第五章

结　语

北京市就业植根于新中国历史发展过程中，是无法与宏观历史线索割裂开来的。北京市就业的发展变化始终受到国家经济体制和政治经济形势的影响，受到经济发展、人口增长、所有制结构等因素的制约。城市就业计划体制的建立有其历史必然性，在一定的历史时期发挥着积极重要的作用，但其自身也蕴藏了其无法在传统制度框架下克服的矛盾。也正是这些矛盾因素，成为促使其向更有效率的新体制变革的重要力量。

一、影响北京市就业的主要因素

（一）人口增长与城市就业

人口既是生产者又是消费者，是生产者与消费者的直接统一。人是生产力中的决定因素，人类所支配的生产力是无穷无尽的。但人口的增长并不是越快越好，保持恰当的比例，才能促进社会生产的发展，实现劳动者的充分就业。我国人口增长率过高，是产生大量待业的直接原因，也是造成就业难的主要因素。

我国的基本国情是人口众多，经济发展水平较低，因此人口的增长、劳动力的再生产一定要与生产资料的增长相适应。人口增长过快，不仅不利于实现充分就业，也会影响到人民生活水平的提高。特别是北京这样的大城市人口增长过快，不仅会增加城市就业的压力，还会使城市设施难以负担，影响首都建设规划的实现。在较长时间内，北京的人口发展失去了控制，1949 年北京市人口出生率仅为 19.4‰，到 1952 年就上升到 34.4‰，1957 年进而增加到 42.1‰。这样高的出生率持续近 20 年，直到 20 世纪 70 年代才引起重视，开始实行计划生育。人口失控直接导致了劳动力的增加规模和速度，20 世纪 50 年代出生的人口，16年后陆续进入劳动年龄，这样20世纪60年代中期以后，明显地增加了劳动就业的压力。对于从20世纪60年代中期开始出现的较大批量的新增劳动力，一方面由于缺乏充足准备，没有有效引导劳动力与资金、生产资料的结合；另一方面由于北京劳动就业工作一直是统一调配，劳动就业只剩下全民所有制企业固定工一个门路，而这一部门吸纳劳动力的能力又十分有限。

除人口的自然增长外，北京人口的迁移增长与就业的关系也十分密切。首都的政治、经济、文化发展，使其具有很强的人口向心流动的“磁力”作用。20世纪50年代末北京就开始控制人口的迁入，新中国成立后至“文革”前进出相抵，仍净增加130万人，其中约有40%是需要安置的劳动适龄人口，给北京市的就业工作带来了一定的压力。历史经验证明，只要把人口的增长控制在一定规模，劳动就业问题就易于妥善安排，不加控制，人口盲目增长就会加重劳动就业的压力。

（二）生产关系与城市就业

所谓生产关系，主要是指生产资料所有制形式，包括生产资料所有制和劳动者在生产、分配、交换和消费中的经济地位。劳动者只有与生产资料和服务手段相结合，才能实现劳动就业。

我国社会主义建设的实践证明，什么时候注意发展多种经济形式，实行多种所有制结构、多种经营方式，经济发展就比较顺利，就业问题就解决得较好；什么时候忽视多种经济形式和经营方式的发展，片面强调单一的国营经济形式，经济就会出现不稳，就业的门路就会越来越窄。新中国成立初期，城市人口主要发布在全民所有制企业和个体劳动者两大领域里。1952年，全国2486万名城镇社会劳动者中，全民所有制企业占63.5%，集体所有制企业占0.9%，个体劳动者占35.5%。[①] 北京622834人的社会劳动者中，全民所

① 张左己主编：《劳动力管理与就业》，中国劳动出版社，1991年，第252页。

有制企业有 371534 人，占全市比重 59.7%；私营企业 235352 人，占全市比重 40%。[①] 到 1957 年，情况发生了根本的变化，并基本奠定了以后 30 多年的格局。全国全民所有制企业有就业的职工占 70% 以上，个体劳动者的比重不足 5%。[②] 在北京，全民所有制企业有职工人数 923141 人，占全市比重 85.5%，各种合营单位职工占 14.5%，私营经济已经完全被取消（表 5－1）。

表 5－1　国民经济各行业职工人数（按所有制形式分）　　（单位：人）

年份	全市	全民	集体	各种合营	私营	占全市比重（%）		
						全民	集体	合营
1949	318594	122183		4258	192153	38.4		1.3
1950	387063	155680		7192	224191	40.2		1.9
1951	522063	255481		10660	255922	48.9		2.0
1952	622834	371534		15948	235352	59.7		2.6
1953	780790	508282		19132	253376	65.1		2.5
1954	796475	554724		29686	212065	69.6		3.7
1955	808579	606626		29381	172572	75.0		3.6
1956	959914	753329		156253	50332	78.5		16.3
1957	1080027	923141		156886		85.5		14.5

资料来源：《北京四十年——社会经济统计资料》，中国统计出版社，1990 年，第 444 页。

城市就业结构在所有制方面发生的变化，主要是对非公有制成分进行改造的结果。在社会主义制度下，保持公有制为主体的经济结构是必要的，但并不是企业规模越大、公有制程度越高越好。特别是从流通以及饮食业、服务业经营的特点看，大规模经营并不一定有利。商业中的零售业、饮食业、修理业、服务业，更适合小规模集体经营，甚至是个体经营。1957 年以后，限制集体经营，打击和取缔个体经营，使整个第三产业，特别是商业、饮食

① 北京市统计局编：《北京四十年——社会经济统计资料》，中国统计出版社，1990 年，第 444 页。

② 张左己主编：《劳动力管理与就业》，中国劳动出版社，1991 年，第 252 页。

业、服务业店面急剧减少，为活跃市场、方便人民生活和扩大就业造成了极为不利的影响。大量劳动力集中到全民所有制企业，也加重了国家的负担。国家安排一个劳动力到全民所有制企业工作，至少需要投资 1 万元以上。每年上千万名新增劳动力，是不可能都靠国家投资来解决就业。强行往国营企业安排劳动力，必然造成国营企业人浮于事，劳动生产率低下。把城市多余劳动力安排到农村去，更是与经济发展的总趋势背道而驰，不仅不能真正解决城市就业问题，反而加剧了城乡矛盾。所以，即使在城市，单一的经济形式也是没有出路的。

（三）就业政策与城市就业

就业有其客观规律，只有正确认识和掌握这种规律，才能制定出正确的政策措施，从而保证就业工作的顺利进行。新中国成立初期，一方面对旧的公教人员和 1952 年前后实行民主改革多余出来的人员采取“包下来”的政策；另一方面实行政府介绍就业与个人自谋职业相相结合的方针，采取多种形式、多条渠道来安排就业。同时，北京市注重鼓励发展私营经济，拓宽了就业门路。“一五”时期，多种渠道就业效果很好。这些政策，都适应了当时的经济发展情况，有效地促进了就业问题的解决。之后，由于经济建设指导思想上“左”的影响，国家加强了城市就业的计划性，实行单一的全民所有制渠道就业。这样就违背了客观规律，使经济发展失去动力，就业积累的问题日益增多。

20 世纪 60 年代初，国家为了克服“大跃进”和三年自然灾害带来的困境，决定大量精简城市职工和压缩城市人口，对于城市不能升学就业的人员，实行“统筹安排，城乡并举，而以上山下乡为主”的方针。当时，开发和建设边疆，恢复和发展农业生产，确实需要一部分身强力壮的具有文化知识的年轻人。所以调整时期执行这个政策效果是好的，较好地解决了就业问题，促进了国民经济较快的恢复和发展，保证了社会的安定团结。但是，把上山下乡作为解决城市就业的长远方针，终究是不妥的。

二、城市计划就业体制的评价

20 世纪 50 年代初，为建立独立工业体系，从国家安全出发，中国选择了以优先发展重工业为目标的发展战略。重工业优先发展战略具有建设周期长、关键设备须进口、一次性投入多等特性，这与当时新中国资本稀缺、劳动力大量过剩的资源禀赋结构并不相符。相对于资金、资本都非常短缺的农业经济，想要优先发展资本非常密集的重工业，劳动力成为关键要素。国家必须通过计划管理的办法把劳动力等各种资源按照产业发展的优先次序进行配置，以确保重工业优先发展。因此，计划就业制度正是由赶超型发展战略内生出来的。

城市计划就业制度是与当时的经济体制、工业化水平相适应、相配套的，是与当时的经济发展战略和尽快建立独立完整工业体系要求相适应的，为国民经济恢复和大规模经济建设有效地配置了相应的劳动力，为工业化发展提供了人力保障，推动了工业化的快速发展，改变了新中国成立初期不合理的产业结构。但由于过多的劳动力集中到重工业领域，城市计划就业制度制约了劳动力向轻工业和第三产业转移、农村劳动力向城市转移，阻碍了轻工业和第三产业发展，不利于产业结构的合理发展和人力资源优势的发挥。

（一）劳动力总量满足了工业化发展需求

新中国人口总体上持续增长且呈年轻化。1949 年至 1958 年，全国人口由 54167 万人增加到 65994 万人（年末人口），增加 21.8%，平均每年增长 2.2%。从 1953 年与 1964 年两次人口普查对比来看，1953 年中国的人口年龄结构属年轻型，到 1964 年这种年轻型则变得更加明显，15—64 岁成年人口占总人口的比例达到 55.4%。据 1979 年的资料，全国总人口中，在劳动年龄（指男 16—60 岁，女 16—55 岁）以内的人口占 52.8%。[①]

---

① 《当代中国》丛书编辑部，许涤新主编：《当代中国的人口》，中国社会科学出版社，1988 年版，第 3—8 页。

在人口快速增长的同时，随着社会风尚和生活观念的转变，以及国家相关政策的鼓励，越来越多的劳动年龄人口特别是家庭妇女和复原退伍军人参加劳动生产，进入劳动力市场，人口劳动参与率显著提高。据统计，1952 年我国劳动力资源总数为 26710 万人，社会劳动者人数为 20729 万人。到 1957 年底，劳动力资源总数迅速上升为 29000 万人，社会劳动者人数增加到 23771 万人。1953—1957 年，劳动参与率由 77. 6% 提高到 82. 0% 。①

劳动力的充分供给和劳动参与率的提高，一方面满足了工业化对劳动力的需求，另一方面也带来劳动生产率的显著提高。在资本供给有限、技术水平普遍低下的状况下，劳动生产率的增长成为促进经济增长的重要因素。国家所有制独立核算工业企业全员劳动生产率按 1952 年不变价格计算，1949 年为 3885 元，1952 年为 5423 元，1953 年为 5861 元，1957 年为 8234 元。在国民经济恢复时期，工业企业总产值的增长额中，由于提高全员劳动生产率而增加的部分占 47. 6% ，由于增加职工人数而增加的部分占 52. 4% ；由于提高工人的劳动生产率而增加的产值占工业总产值的比重为 50. 3% ，由于增加职工人数而增加的产值的比重为 49. 7% 。在“一五”计划时期，工业企业总产值的增长额中，由于提高全员劳动生产率而增加的部分占 58. 6% ，由于增加职工人数而增加的部分占 41. 4% ；由于提高工人的劳动生产率而增加的产值占工业总产值的比重为 64. 8% ，由于增加职工人数而增加的产值的比重为 35. 2% 。②

（二）国民经济恢复和“一五”时期的就业政策促进了产业结构优化

国民经济恢复时期，灵活的就业政策推进产业发展和结构优化。一方面，

① 《中国劳动工资统计资料（1949—1985）》，中国统计出版社，1987 年版，第 3 页。

② 《1953—1957 中华人民共和国经济档案资料选编 · 工业卷》，中国物价出版社，1998 年，第 1124、第 1127 页。

工农业生产和其他建设事业的发展为解决就业提供了良好的条件；另一方面，失业人员的救济与安置促进了国民经济的恢复和发展。这种促进作用表现为：一是在救济、安置失业工人的过程中，把生活救济和培养就业能力结合起来，不仅壮大了职工队伍，而且通过转业训练等方式，提高了劳动力素质，调整了劳动力内部结构，缓解了结构性失业问题；二是政府大力救济、安置失业工人和知识分子，解决了他们的生活困难，稳定了社会秩序，同时也调动了他们的积极性和创造性，促进了劳动生产率提高和产业发展。工业总产值从 1949 年占工农业总产值的 30% 上升到 1952 年的 43.1%。在工业总产值中，轻工业比重逐年下降，重工业比重逐年上升。工业结构中现代工业比重逐年上升，传统工业逐年下降。初步改善了旧中国的产业结构中工业极端落后的状况。

“一五”时期，就业政策不断调整，以配合工业化和社会主义改造对劳动力的需求。由此导致劳动力的就业增长、就业结构及国民经济的产业结构随之发生明显变化。1957 年末，全国社会劳动者人数已达 23771 万人，比 1952 年底增加 3042 万人，增加了 14.68%。城镇社会劳动者总人数 3205 万人，比 1949 年净增 1672 万人，增长 109%。其中职工人数由 809 万人增加到 3101 万人，净增 2292 万人，增长 283%。城镇个体劳动者由 724 万人减少到 104 万人。① 就业结构的变化体现在，城镇就业增长快于农村就业增长；私营经济中职工人数和个体劳动者人数迅速下降，重工业劳动者在绝对数和相对数上均有了明显提高，轻工业劳动者明显下降；东部地区社会劳动者比重有所下降，而在中西部地区的比重有所上升。由于就业结构的变化导致产业结构随之变化，工业总产值在工农总产值中的份额上升，到 1957 年底，工业总产值在工农业总产值中的比重已由 1952 年的 43.1% 上升为 56.7%；② 重工业快速发展，工业内部结构趋向合理，1952—1957 年，重工业产值增长了 210.7%，

① 董志凯，武力主编：《中华人民共和国经济史（1953—1957）》，中国社会科学出版社，2011 年版，第 815 页。

② 国家统计局编：《中国统计年鉴（1984）》，中国统计出版社，1984 年版，第 27 页。

轻工业产业增长了83.3%，轻工业和重工业平均增长速度的比为1∶1.97；轻重工业内部结构趋向合理，制造业在重工业中的比重逐年上升；沿海和内地工业的比重有所改善；轻工业、重工业比例协调。

（三）城市计划就业制度为工业化发展配置了劳动力

第一，文化教育事业的发展和职业技术培训的开展，为工业化的发展提供了技能人才。在“一五”计划中，国家特别强调发展科学教育文化事业，提高人民的科学文化水平，培养建设干部，造就熟练的劳动者。规定在正规教育之外，开办各种培训班、轮训班，发展工农教育、在职教育、业余教育，动员广大职工进修学习，号召广大党团员和青年“向科学进军”。“一五”时期，国家用于发展教育、科学、文化的事业费达到83.24亿元，占国家财政总支出的6.07%；教育、科学、文化事业的基本建设投资达到21.5亿元，占国家基建投资总额的4.05%。1957年高等学校的在校学生比1949年增长2.8倍，中专学校的在校生比1949年增长2.4倍；全国性的科研机构达到580个，研究人员达到2.8万人，比1952年增长两倍以上。① 中国人口文化水平的提高使得在业人口的文化程度有了很大提高，1957年，根据对全国工业、基本建设、运输邮电部门的994.3万名职工的文化程度的调查，小学及以上文化程度的职工占79.3%（其中大专占1.2%，中专、高中、初中占19.1%，小学占59%），文盲为20.7%，为工业化的发展提供了人力支持。

新中国成立初期，一方面数以万计的失业人员要求就业，另一方面具有一定生产技术的人员却很少。为了尽快解决城市失业问题，1950年8月22日，政务院发出通知，将“积极组织失业人员转业训练，提高就业条件”作为处理失业工作的重点。1950年至1953年底，全国参加转业训练的失业工人

① 《当代中国》丛书编辑部，许涤新主编：《当代中国的人口》，中国社会科学出版社，1988年版，第167—168页。

达15万人。转业训练将培训和劳动就业相结合，为大批工人创造就业条件，使他们重新获得了就业的机会，同时也为国民经济的迅速恢复和发展准备了人才。在为国家培养输送技术工人的同时，还培养输送了一批优秀干部，这些技术工人和干部，在社会主义建设中发挥了重要作用。

随着大规模经济建设的开始，经济建设各行业缺少技术人员的情况十分突出。仅1953年1—8月，直接找劳动部门申请招聘技术职员和技术工人的就有43个单位，申请人数为8477人。1954年6月，陈云在《关于第一个五年计划的几点说明》中指出：5年内工业和交通运输两项需要增加技术人员39.5万人，但是高等学校和中等技术学校的毕业生仅为28.6万人（其中中专毕业生占2/3），相差近11万人。1953年，中央财政经济委员会党组决定，将技工教育划归劳动部管理，并要求从中央到地方以至厂矿企业单位均建立起培训管理机构，形成了从上而下的垂直性管理休制。在借鉴苏联经验的基础上，制订并执行了第一个五年熟练工人培养计划，以各产业部门为主编制，包括重工、燃料、机械、纺织、轻工等13个部门，分技工学校、训练班、学徒三种方式，培训计划指标为92万余人。至1957年底，第一个五年熟练工人培养计划超额完成，144所技工学校五年共毕业学生14.7万人。到1965年全国技工学校达到400所，在校学生18万人，加上工业企业在培学徒29.4万人，这些新的技术工人为大规模经济建设提供了人力保障。

第二，统一招收和调配制度，为国民经济恢复和大规模经济建设配置了劳动力。有组织、有计划地职工调动措施，有力地支援了国家重点工程，同时也促进了劳动力在不同区域、产业间流动。为了保证新建、扩建项目对技术骨干的需要，国家规定老企业有支援新建、扩建企业的任务，各级劳动行政部门有权抽调职工，进行部门、地区间的劳动力平衡调剂。例如，仅中央重工业、一机部等五个部，在1955年即从所属老企业抽调技术工人28000多人支援新建、扩建企业；1955年从上海、天津、济南等劳动力相对剩余的城市调配建筑工人12000多人支援西安、兰州、包头等劳动力相对不足的重点建设地区；1956 年从各方面抽调高级技术工人 4000 余人，支援地质部三局从事核工业开发工作，以保证重点建设对技术骨干的需要；在高指标影响下，为满足国家修建大中型水利工程、铁路、公路和短途运输的民工需要，1958 年抽调农民约 6000 万人，1959 年抽调约 5000 万人。

（四）城市计划就业制度的弊端

第一，城市计划就业制度制约了轻工业和第三产业发展。计划经济时期，国家实行了高积累、高投入、以追求数量扩张为特征的外延型工业化道路。既要实现高积累，建立独立的工业体系，又要实现社会主义的“充分就业”，以体现社会主义制度的优越性。计划就业制度正是以保障城镇劳动力全面就业为目标，尽量将进入劳动年龄的劳动者全部安排就业，保持城镇职工的低工资水平，抹平不同人力资本禀赋的职工之间报酬。这种工资水平既不是劳动力价值的体现，也不能反映按劳分配的原则。“低工资、广就业、高福利”的就业政策是政府掌握配置劳动力资源的经济权力，人为压低生产要素价格的体现。原因在于在国内自然资源、资本匮乏和国际环境较为封闭的情况下，优先发展重工业，必须压低投入要素的价格，包括资金、原材料的价格以及工人工资。工人的工资被压低，为了使工人生存下去，就必须压低所有生活必需品的价格，从而建立起扭曲的价格体系。这种价格体系虽然保证了产业发展所需要的劳动力，但由于劳动报酬低，居民储蓄很少，没有消费能力，居民对轻工业和第三产业需求弱，轻工业和第三产业发展相对缓慢。1978 年我国城乡储蓄存款余额为 210.6 亿元，人均 21.88 元。其中城镇居民储蓄存款余额为 154.8 亿元，农村居民为 55.7 亿元，平均每个农村居民仅有存款 7.05 元。[①] 1953—1976 年轻工业平均每年增长 8.8%，重工业为 13.5%。1976 年工业总产值中，轻工业产值占 44.2%，

---

① 《当代中国的金融事业》，中国社会科学出版社，1989 年版，第 682 页。

与1952年占64.5%比较，下降了20.3%。[①]

由于实行优先发展重工业的战略和计划就业体制，商品市场的发育和劳动力的转移都受到较大压抑，商业发展缓慢。商业占国民收入的比重从1952年的14.9%下降到1980年的5.5%。1957年全国共有社会零售商业、饮食业、服务业机构270.3万个，从业人员761.4万人，到1978年分别降为125.5万个和607.8万人。[②]

与此同时，从1958年开始的“二五”计划，以重工业为中心的工业建设，并将经济发展简单化为重工业发展，重工业发展简单化为只发展钢铁工业，这段时期内，重工业得到了快速发展，农业与轻工业却全面退却，产业结构严重失调，中央不得不开始实行“调整、巩固、充实、提高”八字方针，重点对产业结构进行调整。随后的五年，国民经济比例严重失衡问题虽然逐步得到解决，工业生产得到极大发展，农业逐步恢复，但第三产业仍得不到重视，发展缓慢。到1965年一二三产业就业比重为81.6∶8.4∶10。产业结构发生了重大变化，就业结构也相应地发生了很大变化。

第二，城市计划就业制度制约城乡之间劳动力流动，固化了农业人口。从经济发展的绩效来看，国家对社会剩余的动员达到了很高程度，“一五”至“四五”期间的积累率分别为24.2%、30.8%、26.3%、33.27%。当时中国的工业化特别是重工业的发展速度虽然快，但并没有以相应的速度吸收农村剩余劳动力。大量农业人口被强制滞留在效益低的农业，无法从第一产业向第二三产业转移。一方面造成中国产业结构的扭曲，主要反映在就业结构转换滞后于产值结构转换。1978年，农业在国内生产总值中的份额为28.2%，而农业劳动力在全部劳动力中的比重高达70.5%。超过70%的劳动力还在农业部门，表明资源没有得到很好地配置。另一方面表现为城乡劳动力占有的

① 孙尚清、陈胜昌：《中国的产业结构（1977—1980）》，中国人民出版社，1982年版，第7页、第14页。

② 武力主编：《中华人民共和国经济史（增订版上卷）》，中国时代经济出版社，2010年版，第659—660页。

资源严重不平等。1978 年城市部门共有 9500 万名职工就业，农村劳动力人数为 3. 1 亿人，两者劳动力之比率为 1∶3. 2；同年国有企业拥有固定资产总值 4488 亿元，农业中仅有固定资产总值 950 亿元，两者资本之比率为 4. 7∶1。按照生产要素遵循提高边际报酬的逻辑流动原则，表明就业机会在城乡之间分配的不平等。非农化和城市化的发展速度与经济增长速度不吻合，就业和产业与经济发展的轨迹几乎脱离。

第三，城市计划就业制度无法解决隐性失业的矛盾。充分就业作为社会主义的一项制度目标外生地强加在就业制度上，成为国家一直努力实现的强制性安排。但是，要实现真正意义上的充分就业，对于我国的国情来说，存在着很大困难。新中国成立的 1949 年底，共有社会劳动者 19082 万人，1952 年时增长到 20729 万人。通过对北京市的就业分析可知，北京市在业人口在 1949—1965 年呈现快速增长态势，1949 年末，北京市在业人口仅有 43. 3 万人，只占城市常住人口的 26. 3%。以后，随着经济建设、城市建设和各项事业的发展，就业面不断扩大，在业人口逐年增加。到 1957 年末，城市在业人口达 121 万人，1965 年上升到 175 万人。人口负担过重是我国的一项基本国情。在人口基数大的情况下，我国还保持了较高的劳动力参与率。由于对人口形势的错误估计和提倡男女平等，新中国成立后一直采取了鼓励妇女甚至是动员家庭妇女参加社会劳动的政策，这种情况在“大跃进”时期达到了高潮。据统计，中国的劳动参与率约保持在 59% 的高水平上，妇女的劳动力参与率也高达 45% 左右。更重要的是，由于长期推行快速优先发展重工业战略，导致城市工业趋于资金和技术密集型，建设周期较长、资金回收慢，不利于劳动力的吸纳，不能更好发挥劳动力的比较成本优势。据估计，我国重工业部门每亿元投资所能提供的新的就业机会平均为 6000 人左右，而同等投入资金在轻工业部门则能吸纳新就业人数 18000 人。[①]

① 袁志刚、方颖：《中国就业制度的变迁（1978—1998）》，山西经济出版社，1998 年，第 117 页。

在这样的人口基数和工业发展战略的条件下，强制实行充分就业政策带来的后果只能是名义上的充分就业和实际上的生产单位内部隐性失业并存。尽管在城市的国有部门中普遍推行了低工资、高就业的政策，国有部门仍然无法完全吸纳日益增长的城市劳动力。从微观角度看，计划体制下的企业吸纳劳动力的弹性很大，但从宏观角度来看，城市职工人数的上升，势必要求商品粮供应数量和农副产品供应数量的上升，而这对于当时薄弱的农业生产来说是难以承担的。当城市劳动力扩张到一定规模时，商品粮及主要农副产品的供应趋于紧张，政府不得不把城市劳动力迁移到农村。但是，从农村的情况来看，事实并不像政府所宣称的那样，农村为广大知识青年提供了广阔的就业机会，相反，农村的隐性失业状态也很严重。这种隐性失业在经济体制改革以后，农业生产中的经济理性复归时，就会变成汹涌的“民工潮”。对于以后的就业制度改革，无论是企业改革还是农村改革而言，隐性失业都将成为一个首先必须面对，始终无法摆脱的难题。作为初始条件的一条路径、一个依托，隐性失业显性化将成为计划体制留给改革的第一起始点。①

综上所述，随着经济的进一步发展，单一的计划就业制度就显现出其僵化和局限性，对于进一步扩大就业是不利的，随着改革开放，它被社会主义市场经济基础上的市场调节、多种就业形式替代是必然的。

三、经验教训

（一）发展经济是解决就业问题的根本保证

只有各项建设事业发展，劳动力需求才能不断增加，就业问题才能顺利解决。新中国成立以来的实践证明，经济建设发展顺利的时候，就业问题就能很

① 袁志刚、方颖：《中国就业制度的变迁（1978—1998）》，山西经济出版社，1998 年，第 117—118 页。

好解决；反之，生产建设遭到挫折，就业问题就很难解决。例如，第一个五年计划时期，经济建设发展比较迅速、正常，虽然城市在业人口每年增加 11 万人，但全市劳动资源基本上能保证安置就业。国民经济调整时期，就业面不但没有扩大，城市在业人员还有所减少。就业压力大的时期都是建设投资减少，生产规模缩小，财政遇到困难的时期。可见，只有经济建设的顺利发展，才能解决好就业问题。

（二）调整产业结构，发展第三产业是解决就业问题的重要途径

产业结构对就业结构起着重要作用，不同的产业部门吸收劳动力的能力有很大的差别。据统计，当时北京市平均每投资 1 万元，工业部门可以吸收劳动力 0.68 人，科研、文教、卫生部门可以吸收 1.16 人，是工业部门的 1.4 倍；商业、服务业可以吸收 2.83 人，是工业部门的 3.4 倍。但是，由于片面强调发展重工业，使城市在业人口中，工业部门职工占比远远高于科研、文教、卫生部门和商业、服务业职工占比。这种容纳劳动能力较强的部门在城市职工中占比重较小，而容纳劳动力能力较弱的部门在城市职工中占比重较大的情况，不仅影响到就业的容量，也不能适应首都作为全国政治、文化中心的需要。

北京市作为首都，第二产业比重过高，第三产业发展不足，显然与城市性质和功能存在很大矛盾。受“左”的思想影响，对商业、饮食业、服务业的发展重视不够，致使这些行业长期处于萎缩状态。1957 年以前，解决失业问题都是注意调整产业结构，发展城市需要的第三产业，提高了城市吸收和容纳劳动力的能力，从而使就业压力得到缓和。因此，根据城市性质，实现合理的产业结构，是解决就业的需要。

（三）根据经济发展客观规律的要求，制定切实可行的就业政策是解决就业问题的关键

城市就业有其客观规律，只有正确认识和掌握这种规律，才能制定出正确的政策措施，从而保证就业工作的顺利进行。新中国成立初期以及“一五”时

期，多种渠道劳动就业效果就很好。以后一些年代由于在经济建设指导思想上"左"的影响，就业由国家计划管理，实行单一的全民所有制渠道就业。这就违背了客观规律，使经济发展失去动力，就业积累的问题日益增多。总之，只有根据就业的客观需要，制定适当的政策措施，才能够较好完成城市就业的各项任务。

四、启示

（一）解决就业问题，要从中国社会主义制度出发

新中国成立初期，我国在城市就业的问题上的实践和探索，证明了解决就业问题，只能从社会主义制度出发，一是立足于中国的国情，二是充分发挥社会主义制度的优越性。

早在 1957 年，毛泽东在《关于正确处理人民内部矛盾的问题》报告中指出，"我们作计划、办事、想问题，都要从我们有六亿人口这一点出发"，"我们的方针是统筹兼顾、适当安排。无论粮食问题，就业问题……以及其他各项问题，都要从对全体人民的统筹兼顾这个观点出发"。①

从六亿人口出发，就是要从我国的实际情况出发。新中国成立后，我国是经济落后的农业国，不仅农业落后，工业也很落后，要从根本上改变落后的经济面貌，必须改造落后的农业，要改造落后的农业，又必须首先大力发展工业。这是因为有了一定的工业水平，才能够为改造农业提供必要的条件。在第一个五年计划期间，国家实行优先发展重工业的方针，也是为改造农业创造条件；也正是在第一个五年计划期间，重工业有了一定的发展。城市就业也是与工业化的进程密切相关的，城市就业政策的制定和调整都是为了适应工业建设的需要，是工业化的内在要求，是城市就业坚持从中国实际出发的具体体现。同时，工业化的前进也为解决就业问题提供了经济基础。城市

---

① 毛泽东："关于正确处理人民内部矛盾的问题"，1957 年 2 月 27 日，中共中央文献研究室编：《建国以来重要文献选编》第十册，中央文献出版社，1994 年，第 61 页。

就业问题的很好解决，证明了新中国成立初期，在生产力水平低下、劳动力大量过剩的历史条件下，为了突破“贫困陷阱”和国家安全需要，发展重工业、建立起城市计划就业制度是必要的。城市就业制度是与当时的经济体制、工业化水平相相适应、相配套的，是与当时的经济发展战略和尽快建立独立完整工业体系要求相适应的，对维护社会稳定具有重要作用。

人口增长很快，人口众多，经济发展水平较低，是我国的基本国情。城市就业面临着每年都有大批新成长的劳动力需要安排就业、企业富余人员的安置问题，以及就业结构的调整等多方面的实际情况。北京市的就业除了这些问题，还面临着自己的特殊实际情况，这是由北京市的城市功能所决定的。北京市作为首都，是党中央的所在地，是全国的政治中心和文化中心，是我国人口最多的特大城市之一，是进行国际交往最集中的地方。解决好北京市的就业问题，不仅对首都的物质文明和精神文明建设具有重要的意义，而且对全国各地也会产生促进作用，同时在国际上也会产生良好的影响。因此，不论是新中国成立初期的失业救济和“包下来”的办法，还是国民经济调整时期，解决国民经济发展比例失调导致的在业人员增长过快问题，都是立足于当时的实际情况，从而妥善地解决了各个历史时期相应的就业问题。

新中国成立以来，党和政府对城市就业问题一直高度重视，始终从对人民负责的高度出发，争取让更多的人都有就业岗位，充分体现出了社会主义制度的优越性。国家多次召开劳动就业问题的专门会议，强调解决城市就业问题，“是在大规模的国家建设中必须解决的问题”，“必须根据国家建设的需要，从全局设想、从实际出发、从长远打算着眼、从当前要办能办的事着手，才能逐步做到消灭失业，为国家为社会创造更多的财富，促进国家的经济建设及其他各项建设的发展”。①

① “中央人民政府政务院关于劳动就业问题的决定”，中央文献研究室编：《建国以来重要文献选编》第三册，中央文献出版社 1992 年版，第 287—295 页。

城市就业问题的很好解决，是社会主义制度优越性的充分体现。城市就业问题是过去以农村为工作重心、以武装斗争为中心工作的中国共产党执政后面临的巨大挑战。但是中国共产党很好地解决了这个棘手难题。新中国成立初期，面对旧中国遗留下来的庞大失业群体，以及由经济改组带来的失业，党和国家从对人民负责的高度出发，采取了一系列行之有效的措施，妥善地解决了当时的失业问题。在以后的历史发展进程中，在努力发展经济的同时，党和政府始终把解决人民群众的就业问题作为优先政策目标之一，对就业工作采取了不同的政策，提出了许多新思想，这都发挥了社会主义集中力量办大事的优势。

（二）就业工作要和经济发展水平相协调

城市就业要和经济发展水平相协调，一个重要表现就是职工人数的增长必须与商品粮和消费品的增长相适应。

实践证明，国民经济计划如果出现不协调的话，往往是从吃商品粮的人过多表现出来的，从1958—1960年大规模增加职工和造成的后果可以看得清楚。1958—1960年，我国农业由于“共产风”和自然灾害的影响，粮食产量连年下降。1960年与1957年相比，粮食产量下降了26.4%，按人口平均的产量下降了28.2%；而同期，职工人数却增加了2500多万人，增长一倍多，其中有1950万人是来自农村，占新职工总数的75%以上。① 显然，这样大量增加职工与农业生产连年下降的情况是完全不相适应的，远远超过了农业的负担能力。职工人数大量增加，加上其他方面对粮食需要的增长，国家不得不动用粮食库存和大量进口粮食。

同时，职工人数大量增加，还造成了社会商品购买力和商品可供量的不平衡，以1961年和1957年相比，货币流通量同商品库存的比例由1957年的

① 国家劳动总局政策研究室资料组编：《劳动问题研究资料》，中国劳动出版社，1981年，第58页。

1∶5.5 下降到 1961 年的 1∶3.2。大量货币不能回笼，造成市场供应紧张。①

职工大增必然带来大减。不顾经济发展水平盲目增人的结果，使得国家不得不在 1961—1963 年进行新中国成立以来最大规模的一次职工精简，三年精简职工 2000 多万人。

北京市在精简职工过程中，出现了粮食定量较低的现象。1961 年，北京市自从大力进行精简和核实城镇人口工作以来，由于精简回乡人员大部是重体力劳动者，加以核实人口期间定量一般只减不增，因此城市人口粮食定量水平降低。1961 年 9 月每人平均 27.67 斤，比 6 月份 28.15 斤减少 0.48 斤。粮食定量供应总数，9 月份比 6 月份减少 800 万斤。由于一部分回到本市郊区农村的人 9 月份还吃着商品粮，所以粮食实销量实际减少 500 万斤左右。②

从北京、天津、上海三大城市粮食供应情况比较来看，天津儿童定量与北京大体相同，大中学生比北京略低，其他工种和居民均比北京高二到三斤。根据中央粮食部材料，1961 年 6 月份三大城市定量水平见表 5 -2。

表 5 -2　我国三大城市粮食定量水平表

地区	平均	特重	重体	轻体	干部	大中学生	居民	6—10 岁儿童
北京	27.81	51.59	42.03	32.93	28.8	32.24	26.67	22.35
天津	28.04	53.63	44.06	35.11	29.46	31.99	28.2	22.53
上海	26.16	50.39	41.11	32.97	29.17	31.88	26.04	20.49

北京市 1961 年的粮食定量水平，在大部分厂矿企业职工中，特重体力职工平均达到 52 斤，重体力平均 42 斤，一般问题不大，但对高级知识分子（大部分是科学工作者）、机关干部和其他脑力劳动者，定量偏低的问题显得突出。另外，居民中有一部分青年家庭妇女、孩子多，家务劳动重，定量

① 国家劳动总局政策研究室资料组编：《劳动问题研究资料》，中国劳动出版社，1981 年，第 59 页。

② 北京市粮食局："关于城市人口粮食定量中存在的问题和解决意见"，1961 年 11 月 1 日，北京市档案馆馆藏档案，案卷号 145 -001 -0015。

25—26 斤不够吃。①

（三）要把城市、农村统筹起来考虑就业问题

通过史料分析，可以发现新中国解决城市就业问题所采取的措施，在涉及城乡劳动力流动时，有两个明显的特征：

其一，农村是解决城市就业的主要着眼点。在 20 世纪 50 年代，当时城市经济的恢复和国家大规模工业化建设吸收了绝大部分城市原有的失业人员和新增就业人员。但是，国家一直强调把回农村作为解决城市就业的重要途径。1950 年政务院公布的《救济失业工人暂行办法》就把动员和帮助失业人员“回乡生产”作为解决城市失业问题的办法之一。1950 年 8 月，北京市协商委员会在《关于失业工人和失业知识分子救济工作的报告》中指出：“根据本市的经验证明，动员失业人员还乡生产是解决城市失业问题的有效办法。但惯居城市的人有一部分是很留恋城市的，不愿回乡生产。因此，尤其要打通其家属的思想，才能在自愿的原则下，动员他们还乡。”② 1957 年 9 月，周恩来在中共第八届中央委员会第三次全体会议上指出，“安排城市多余的劳动力，主要就业方向，应该是下乡、上山，参加农林业劳动”，“根据北京的计算，全市郊区共有四百多个农业生产合作社，共约有四千个生产队，每个队约可安置三个人，平均每个社约可以安置三十人。现在全国共有七十五万个社，只要每个社能够安置五个人，全国就可以安置三百多万人”。③ 1957 年 11 月，国家计划委员会在规划第二个五年计划时指出：“乡村是容纳劳动力的大

---

① 北京市粮食局：“关于城市人口粮食定量中存在的问题和解决意见”，1961 年 11 月 1 日，北京市档案馆馆藏档案，案卷号 145 - 001 - 0015。

② 北京市协商委员会：“关于失业工人和失业知识分子救济工作的报告”，1950 年 8 月，北京市档案馆编：《国民经济恢复时期的北京》，北京出版社，1995 年，第 673 页。

③ 周恩来：“关于劳动工资和劳保福利政策的意见”，1957 年 9 月 26 日，中共中央文献研究室编：《建国以来重要文献选编》第十册，中央文献出版社，1994 年，第 578 页。

海，农村生产门路打开以后，还可以容纳一部分城市多余劳动力。”① 到 20 世纪 60 年代，由于经济发展的严重困难，农村成为解决城市就业的主要渠道。

其二，这一时期解决城市就业问题是以阻止农村劳动力向城市流动实现的。新中国成立后，随着国民经济的恢复和国家的大规模经济建设，大量农民流入城市。在当时的历史条件下，国家认为农民盲目流入城市，既影响了农业对劳动力的需求，影响了农业生产，又加重了城市就业的压力。因此，从 1953 年起，政务院连年发出指示，明确禁止农村劳动力流入城市。同时规定各单位未经劳动部门许可，不得擅自到农村招收工人。1958 年颁布了《户口登记条例》，从户口准入上对农民进城进行了明确的限制。但正如正文第二章的分析，由于多方面原因，1953 年开始有大量农民流入北京市。北京市专门成立了各区动员农民返乡办公室，采取了一系列具体办法动员农民返乡，同时严格限制农民进入北京找工作。禁止农民进城就业一方面有利于缓解城市就业压力，另一方面也使农民在城市的就业机会受到限制，形成农村与城市的差别，不符合城乡互动的客观要求。

事实上，城乡劳动力流动在就业中起着非常重要的作用。在优先发展重工业的战略选择下，发展农业，以便在耕地少人口多的限制下解决中国的吃饭问题，为工业化积累了资金，保证了工业化的迅速实现，而劳动力供给情况是工业化对城市产生影响的初始条件。城乡劳动力之间的流动为劳动力的供给提供了有力的保障。在首都的建设和发展中，劳动力之间的流动发挥着重要的作用。市区、郊区以及周边省份之间等多种形式的劳动力流动支援了工业化建设。如新中国成立初期的北京改建扩建项目、20 世纪五六十年代的重点工程、军工项目和其他市政建设，都从郊区、县以及河北等地征调了大量农村劳动力。

---

① 国家计划委员会：“第一个五年计划的初步总结和第二个五年计划的研究资料”，1957 年 11 月 9 日，北京市档案馆馆藏档案，案卷号 005－002－00194。

1949—1965 年这一历史时期，由于对城乡劳动力缺少统筹规划，对城乡就业结构的调整也没有系统的对策，导致城乡劳动力的交流盲目性很大，脱离了生产的发展水平和生产建设需要的客观实际。对农村劳动力进城或者控制过死，或者失去控制；对城市劳动力的下乡没有从农村的需要和承受的可能出发，动员大批青年和城市居民上山下乡，造成城乡劳动力的大对流。控制农民进城，以及把城市青年下放农村，是“逆城市化”行为，无法真正解决城市就业问题，城市就业问题的解决需要城市、农村的有效统筹。

附　录

附录一　北京市各区失业登记人数及失业估计情况统计表

（截至 1952 年 10 月 26 日）

区别		共计	工人职员	知识分子	旧军官旧官吏	小工商业主等	其他	估计失业人数
总计		21940	13879	2294	1704	2282	1781	32896
城区	小计	19259	12211	2043	1571	2113	1321	27646
	东单	2333	1759	130	142	191	111	2015
	西单	2677	1621	391	263	198	204	4326
	东四	3902	2311	545	403	426	217	5200
	西四	2930	1787	331	387	230	195	2000
	前门	2875	1741	346	119	416	253	2300
	崇文	2074	1427	74	100	268	205	4000
	宣武	2468	1565	226	157	384	136	7805
郊区	小计	2681	1668	251	133	169	460	5250
	东郊	702	508	58	25	18	93	1750
	西苑	321	188	37	22	29	45	380
	丰台	748	435	39	27	61	186	1500
	海淀	497	246	61	50	34	106	900
	石景山	173	85	32	4	22	30	150
	京西矿	240	206	24	5	5	0	570

资料来源：北京市劳动就业委员会办公室："北京市劳动就业统一登记工作总结"，1952 年 11 月 5 日，北京市档案馆馆藏档案，案卷号 004－012－027。

附录二 北京市各区失业与求职换证人数统计表

（截至 1952 年 10 月 26 日）

项目 \ 区别		共计			原失业登记人员	原求职登记人员
		总计	失业	求职		
总计		15214	10902	4312	7785	7429
城区	小计	14035	10213	3822	7380	6655
	东单	1459	1179	280	632	827
	西单	1969	1274	695	721	1248
	东四	2955	2124	831	1364	1591
	西四	2191	1617	574	859	1332
	前门	1595	1280	315	1280	315
	崇文	1954	1610	344	1395	559
	宣武	1912	1129	783	1129	783
郊区	小计	1179	689	490	405	774
	东郊	366	264	102	95	271
	西苑	111	68	43	49	46
	丰台	185	103	82	103	82
	海淀	421	236	185	156	265
	石景山	69	16	53		69
	京西矿	27	2	25	2	25

资料来源：北京市劳动就业委员会办公室："北京市劳动就业统一登记工作总结"，1952 年 11 月 5 日，北京市档案馆馆藏档案，案卷号 004－012－027。

附录三 1958 年北京市开工的大型基本建设项目

厂名	建设性质	生产规模	需要人数		其中：1958 年	
			职工人数	其中：工人	职工人数	其中：工人
总计			80910	60870	71250	53000
一、钢铁冶炼工业			8660	6490	8220	6160
1. 合金钢厂	新建	第一期生产钢锭 12 万吨，钢材 9 万吨	2300	1720	1950	1060

续表

厂名	建设性质	生产规模	需要人数		其中：1958 年	
			职工人数	其中：工人	职工人数	其中：工人
2. 北京钢厂	扩建	钢锭 20 万吨	4800	3600	4800	3600
3. 电解铜厂	新建	年产 1 万吨	680	510	680	510
4. 电解铝厂	新建	年产 2.5 万吨	880	660	790	590
二、机械制造工业			15500	11620	13400	10660
1. 第一通用机械厂	扩建	年产 1.5 万吨	2000	1500	1700	1280
2. 锅炉厂	扩建	年产 6000，蒸发量吨/小时	2000	1500	1700	1280
3. 化工设备厂	新建	年产化工设备 5 万吨	4000	3000	3400	2550
4. 螺丝钉厂	新建	年产 5000 吨	2000	1500	1800	1350
5. 冷冻机厂	新建	年产 3000 台	1500	1120	1350	1010
6. 扇风机厂	新建	年产 10000 台	1000	750	900	680
三、电机制造工业			13670	10420	11900	8930
1. 中小型电机厂	新建	第一期年产发电机及电动机 100 万瓦	1200	900	1020	760
2. 变压器厂	扩建	第二期年产变压电 204 万千伏安	2200	1650	1870	1410
3. 开关板厂	扩建	年产 3 万吨	3500	2620	2970	2230
4. 汽轮机厂	新建	年产 60 万瓦	1600	1200	1440	1080
5. 发动机厂	新建	年产 100 万瓦	940	700	800	600
6. 灯泡厂	新建	年产 36000 万个	690	520	620	460
7. 电缆厂	新建	年产各种铅线 2.5 万吨，电磁线、电缆等 32.7 万公里	1040	950	930	700
8. 电表厂	新建	年产 40 万支	1500	1880	2250	1690
四、化学工业			18880	14010	12110	12250
1. 炼焦化学厂	新建	第一期年用煤气 2 亿立方米，普通焦 35 万吨	1000	750	850	600
2. 人造石油厂	新建	第一期生产原油 5 万桶	1000	750	850	640
3. 化肥厂	新建	第一期年产硝铵 12 万吨	1500	1130	1280	960

续表

厂名	建设性质	生产规模	需要人数		其中：1958 年	
			职工人数	其中：工人	职工人数	其中：工人
4. 卡普龙厂	新建	年产卡普龙原粉 1000 吨，硫酸 2 万吨	500	370	430	320
5. 塑料厂	新建	第一期年产聚氯乙烯原粉 1.2 万吨	3000	2250	2800	2150
6. 塑料制品厂	新建	年产各种塑料制品	2200	1500	2550	1320
7. 汽车轮胎厂	新建	年产 100 万套（旧轮胎为一套）	2140	1600	1820	1360
8. 玻璃厂	扩建	光学、石英玻璃 300 吨/年，机制瓶 50 吨/日	4200	3150	3570	2680
9. 药厂	扩建	对氨柳酸钠 300 吨/年，维生素 67 吨/年	2500	1880	2120	1590
10. 搪瓷厂	扩建	第一期年产耐酸搪瓷	40	630	840	630
五、纺织印染工业			19900	14930	16910	12680
1. 高级印染厂	新建	印花布、色布 300 万匹	2800	2100	2380	1780
2. 十万锭棉纺厂	新建	生产 60—150 的高支纱	5000	3750	4250	3190
3. 四万锭全能精毛纺厂	新建	年产哔叽 840 万公尺	5600	4200	4760	3570
4. 北京毛纺厂毛团东车	新建	年产毛条 6400 吨	800	600	680	510
5. 长毛绒毛毯厂	扩建	年产长毛绒 52 万公尺，毛毯 25 万条	700	520	590	440
6. 山羊绒车间	新建	年产山羊绒开私米纱 90 万公斤，绒 2250 吨	2500	1870	2120	1590
7. 四万纺锭尼龙混纺厂	新建	年产尼龙混纺织品 840 万公尺	700	530	590	440
8. 化学纤维针织厂	新建	针织品 40 万打/年，袜子 80 万打/年	1500	1120	1280	960
9. 织绸厂	新建	丝绸 480 万公尺	300	230	260	200
六、日用品及其他、自行车厂	新建	第一期年产 30 万辆	1300	980	1100	8200
七、建筑材料工业			3000	2420	2610	2100

资料来源：北京市劳动局："1958 年开工的大型基建项目"，1958 年 1 月，北京市档案馆馆藏档案，案卷号 110－001－0902。

附录四　1949—1965 年北京市基本建设投资与城市新增在业人口数量变动情况

时期＼项目	基建投资（万元）		新增在业人口（人）		投资劳力吸收系数（人/万元）
	总额	年平均	人数	年平均	
恢复时期（1949—1952 年）	22020	5505	350231	87558	15.91
“一五”时期（1953—1957 年）	345982	69196	428107	85621	1.24
“二五”时期（1958—1962 年）	564012	112802	307115	61423	0.54
1963—1965 年	172083	57361	238876	79625	1.39

资料来源：北京市统计局：《北京统计年鉴 1993》，中国统计出版社，1993 年。

附录五　北京市职工人数和平均工资

北京市职工人数和平均工资

年份	职工人数（万人）			平均货币工资（元）			平均实际工资指数（上年＝100）		
	合计	#国有	#城镇集体	合计	#国有	#城镇集体	合计	#国有	#城镇集体
1949	31.9	12.2							
1950	38.7	15.6							
1951	52.2	25.5							
1952	62.3	37.2		544	553				
1953	78.1	50.8		637	634		106.7	104.5	
1954	79.6	55.5		609	675		92.9	103.5	
1955	80.9	60.7		647	706		105.5	103.9	
1956	96.0	75.3		760	757		117.3	107.1	
1957	108.0	92.3		748	764		97.7	100.2	
1958	150.7	128.2	22.5	637	705	867	86.2	93.4	
1959	175.2	141.8	33.4	655	673	518	103.3	95.9	60.0
1960	185.2	156.0	29.2	648	680	404	99.3	101.4	78.3
1961	163.1	138.6	24.5	642	689	395	95.6	97.8	94.4
1962	148.1	125.7	22.4	666	723	413	99.2	100.3	100.0
1963	150.7	127.7	23.0	697	754	439	104.4	104.1	106.1
1964	159.2	135.1	24.1	716	767	444	104.0	103.0	102.4
1965	167.2	141.5	25.7	703	752	447	103.5	103.3	106.1

资料来源：国家统计局国民经济综合统计司编：《新中国五十年统计资料汇编》，中国统计出版社，1999 年。

参考文献

一、经典文献

《马克思恩格斯选集》，北京，人民出版社，1995 年。

《马克思恩格斯全集》，北京，人民出版社，1995 年。

《列宁选集》，北京，人民出版社，1995 年。

《列宁文稿》，北京，人民出版社，1978 年。

《毛泽东文集》，北京，人民出版社，1999 年。

《建国以来毛泽东文稿》，北京，中央文献出版社，1993—1994 年。

《毛泽东传（1949—1976）》，北京，中央文献出版社，2003 年。

《刘少奇选集》，北京，人民出版社，1985 年。

《刘少奇年谱》，北京，中央文献出版社，1996 年。

《刘少奇传》，北京，中央文献出版社，2008 年。

《周恩来选集》，北京，人民出版社，1984 年。

《周恩来年谱》，北京，中央文献出版社，1997 年。

《周恩来传》，北京，中央文献出版社，1998 年。

《陈云文集》，北京，中央文献出版社，2005 年。

《陈云文选》，北京，人民出版社，1995 年。

《陈云年谱》，北京，中央文献出版社，2000 年。

《陈云传》，北京，中央文献出版社，2005 年。

《邓小平文选》，北京，人民出版社，1994 年。

《邓小平年谱（1904—1974）》，北京，中央文献出版社，2009 年。

《李先念文选》，北京，人民出版社，1989 年。

《李先念传》，北京，中央文献出版社，2009 年。

《邓子恢传》，北京，人民出版社，1996 年。

二、参考书目[①]

［苏］B. C. 列利丘克：《苏联的工业化：历史、经验、问题》，闻一译，北京，商务印书馆，2004 年。

［意］贝奈戴托·克罗齐：《历史学的理论和实际》，傅任敢译，北京，商务印书馆，1986 年。

［意］贝奈戴托·克罗齐：《作为思想和行动的历史》，田时纲译，北京，中国社会科学出版社，2005 年。

薄一波：《若干重大决策与事件的回顾》（上、下卷），北京，人民出版社，1997 年。

蔡昉、都阳、王美艳：《中国劳动力市场转型与发育》，北京，商务印书馆，2005 年。

程连升：《中国反失业政策研究（1950—2000）》，北京，社会科学文献出版社，2002 年。

［美］道格拉斯·C. 诺思：《制度、制度变迁与经济绩效》，杭行译，上海，格致出版社、上海三联书店、上海人民出版社，2008 年。

［美］道格拉斯·C. 诺思：《理解经济变迁过程》，钟正生、邢华等译，北京，中国人民大学出版社，2008 年。

《当代中国》丛书编辑部，何光主编：《当代中国的劳动力管理》，中国社会科学出版社，1990 年。

《当代中国》丛书编辑部，许涤新主编：《当代中国的人口》，中国社会科学出版社，1989 年。

---

① 参考书目按作者姓名首字母顺序排列。

《当代中国》丛书编辑部，严忠勤主编：《当代中国的职工工资福利和社会保险》，中国社会科学出版社，1987 年。

《当代中国》丛书编辑部，范谨、张大中、徐惟诚主编：《当代中国的北京》（上、下卷），中国社会科学出版社，1989 年。

《当代中国》丛书编辑部，袁境身主编：《当代中国的乡村建设》，中国社会科学出版社，1987 年。

董辅礽主编：《中华人民共和国经济史》（上、下卷），北京，经济科学出版社，1999 年。

董志凯主编：《1949—1952 年中国经济分析》，北京，中国社会科学出版社，1996 年。

董志凯、吴江：《新中国工业的奠基石——156 项建设研究》，广州，广东经济出版社，2004 年。

董志凯等编：《中华人民共和国经济史（1953—1957）》，北京，中国社会科学出版社，2011 年。

［美］费正清：《伟大的中国革命（1800—1985 年）》，刘尊棋译，北京，世界知识出版社，2000 年。

［美］费正清：《中国：传统与变迁》，张沛译，北京，世界知识出版社，2002 年。

［美］弗里曼、毕克伟、赛尔登：《中国乡村，社会主义国家》，陶鹤山译，北京，社会科学文献出版社，2002 年。

冯兰瑞等著：《论中国劳动力市场》，北京，中国城市出版社，1991 年。

冯兰瑞：《劳动报酬与劳动就业》，北京，中国展望出版社，1982 年。

冯兰瑞、赵履宽：《1977—1980 中国城镇的就业和工资》，北京，人民出版社，1982 年。

高书生：《中国就业体制改革 20 年》，河南，中州古迹出版社，1998 年。

顾洪章主编：《中国知识青年上山下乡始末》，北京，人民日报出版社，2009 年。

胡鞍钢：《就业与发展》，辽宁，辽宁人民出版社，1998 年。

胡鞍钢、程永宏、杨韵新等著：《扩大就业与挑战失业》，北京，中国劳动社会保障出版社，2002 年。

胡鞍钢：《中国政治经济史论（1949—1976）》，北京，清华大学出版社，2008 年。

何光主编：《当代中国的劳动力管理》，北京，中国社会科学出版社，1990 年。

胡绳主编：《中国共产党的七十年》，北京，中共党史出版社，1991 年。

黄仁宇：《万历十五年》，北京，三联书店，1997 年。

黄仁宇：《十六世纪明代中国之财政与税收》，阿凤、许文继、倪玉平、徐卫东译，北京，三联书店，2007 年。

剧锦文：《中国经济：路径与政策（1949—1999）》，北京，社会科学文献出版社，2001 年。

李楯编：《中国社会政策》，北京，知识产权出版社，2008 年。

赖德胜、李长安、张琪：《中国就业 60 年》，北京，中国劳动社会保障出版社，2010 年。

李培林、张翼、赵延东：《就业与制度变迁——两个特殊群体的求职过程》，浙江，浙江人民出版社，2000 年。

厉以宁：《中国城镇就业研究》，北京，中国计划出版社，2001 年。

李国芳：《初进大城市——中共在石家庄建政与管理的尝试（1947—1949）》，北京，社会科学文献出版社，2008 年。

李剑鸣：《历史学家的修养和技艺》，上海，上海三联书店，2007 年。

李锐：《庐山会议实录》，郑州，河南人民出版社，1996 年。

林毅夫：《发展战略与经济发展》，北京，北京大学出版社，2004 年。

［美］罗纳德 · G. 伊兰伯格、罗伯特 · S. 史密斯：《现代劳动经济学》，刘昕译，北京，中国人民出版社，2007 年。

罗平汉：《大迁徙——1961—1963 年的城镇人口精简》，广西，广西人民出版社，2003 年。

刘庆唐、王守志编著：《劳动就业原理》，北京，北京经济学院出版社，1991 年。

苏联科学院经济所编：《政治经济学教科书》，三联书店，1955 年。

苏联科学院经济所编：《苏联社会主义经济》第六卷，东方出版社，1986 年。

郜风涛、张小建主编：《中国就业制度》，北京，中国法制出版社，2009 年。

郜风涛：《中国经济转型期就业制度研究》，北京，人民出版社，2009 年。

吴承明：《中国的现代化：市场与社会》，北京，三联书店，2001 年。

吴承明：《经济史：历史观与方法论》，上海，上海财经大学出版社，2006 年。

吴承明、董志凯主编：《中华人民共和国经济史（1949—1952）》，北京，社会科学文献出版社，2010 年。

武力：《中国共产党与当代中国经济发展研究（1949—2006）》，北京，中共党史出版社，2008 年。

武力主编：《中华人民共和国经济史》（增订版），北京，中国时代经济出版社，2010 年。

杨光斌：《制度变迁与国家治理——中国政治发展研究》，北京，人民出版社，2006 年。

岳经纶：《中国劳动政策：市场化与全球化的视野》，北京，中国科学文献出版社，2007 年。

［英］约翰·M. 凯恩斯：《就业、利息和货币通论》，高鸿业译，北京，商务印书馆，1999 年。

袁伦渠：《中国劳动经济史》，北京，北京经济学院出版社，1990 年。

袁志刚、方颖：《中国就业制度的变迁（1978—1998）》，山西，山西经济出版社，1998 年。

袁志刚、陆铭：《隐性失业论》，北京，立信会计出版社，1998 年。

袁志刚：《失业经济学》，上海，上海三联出版社，1998 年。

杨宜勇等著：《就业理论与失业治理》，北京，中国经济出版社，2000 年。

杨宜勇：《中国转型时期的就业问题》，北京，中国劳动社会保障出版社，2002 年。

姚裕群：《走向市场的中国就业》，北京，中国人民大学出版社，2005 年。

杨艳琳、娄飞鹏等著：《中国经济发展中的就业问题》，山东，山东人民出版社，2010 年。

朱佳木主编：《当代中国与它的外部世界》，北京，当代中国出版社，2006 年。

朱佳木：《我所知道的十一届三中全会》，北京，当代中国出版社，2008 年。

朱佳木：《中国工业化与中国当代史》，北京，中国社会科学出版社，2009 年。

朱佳木：《论陈云》，北京，中央文献出版社，2010 年。

朱佳木主编：《当代中国与它的发展道路》，北京，当代中国出版社，2010 年。

中共中央文献研究室编：《关于建国以来党的若干历史问题的决议注释本》，北京，人民出版社，1983 年。

中共中央党史研究室：《中国共产党历史》（第二卷），北京，中共党史出版社，2011 年。

三、期刊论文和学位论文

赵入坤：《“文化大革命”以前中国城市劳动就业问题》，《当代中国史研究》2008 年第 4 期。

万敏、孙超：《城市妇女劳动就业 60 年历史考察》，《人力资源》2010 年第 4 期。

武力：《1949—1978 年中国劳动力供求与城市化关系研究》，《中国经济史研究》1998 年第 3 期。

武力：《改革开放前后人力资源配置及效率比较研究》，《中国人口科学》2003 年第 2 期。

武力：《略论新中国 60 年经济发展与制度变迁的互动》，《中国经济史研究》2009 年第 3 期。

李青：《毛泽东邓小平江泽民就业思想研究》，《安庆师范学院学报（社会科学版)》2003 年第 5 期。

胡鞍钢、程永宏：《中国就业制度演变》，《经济研究参考》2003 年第 51 期。

冯菊香、徐长玉：《中国劳动就业体制改革：现状、问题与对策》，《学术交流》2009 年第 8 期。

程连升：《国民经济恢复时期的结构性失业及其治理》，《中国经济史研究》1999 年第 4 期。

高冬梅：《1949—1952 年北京市失业救助论析》，《河北师范大学学报(哲学社会科学版)》2009 年第 5 期。

刘荣臻、王卫红：《建国初期城市失业治理的经验——以北京市失业工人的治理为例》，《理论探索》2010 年第 4 期。

《建国初期社会救济文献选载（1950 年 2—11 月)》，《党的文献》2000 年第 4 期。

王承旭：《1949 年至 1950 年北京市的移民工作》，《北京党史》2005 年第

5 期。

冯兰瑞：《略论劳动就业环境的变革》，《特区经济》2003 年第 2 期。

梁胜宇：《“一五”时期中国城镇就业政策研究》，中共中央党校 2004 年硕士学位论文。

蒋莉：《马克思的劳动就业理论与我国的劳动就业问题》，吉林大学 2005 年硕士学位论文。

夏业良：《就业理论与就业机制——对中国城市就业机制的初步考察》，复旦大学 2000 年博士学位论文。

刘瀑：《中国经济增长中的劳动就业问题研究——基于产业发展视角的分析》，西南财经大学 2008 年博士学位论文。

程连升：《国民经济恢复时期的结构性失业及其治理》，《中国经济史研究》1999 年第 4 期。

程连升：《建国初期就业政策的成因及演变》，《天津商学院学报》2001 年第 5 期。

程连升：《新中国第一次失业高峰的形成和治理》，《中国经济史研究》2002 年第 1 期。

程连升：《中国第二次失业高峰的形成和治理》，《北京社会科学》2002 年第 11 期。

程连升：《对中国“制度性失业”的理论分析》，《中共中央党校学报》2002 年第 5 期。

王爱云：《试析中华人民共和国历史上的子女顶替就业制度》，《中共党史研究》2009 年第 6 期。

徐行、石奎：《新中国成立初期城市失业问题及其迅速解决》，《当代中国史研究》2014 年第 1 期。

刘小敏：《基于就业视角的北京经济与社会发展矛盾研究》，《北京社会科学》2014 年第 11 期。

赵入坤：《20 世纪五六十年代之交的人口流动与管理》，《当代中国史研究》2015 年第 3 期。

姚媛：《北京市产业结构与就业结构的关系研究》，北京交通大学 2016 年硕士学位论文。

资料来源

一、中央档案资料

中国社会科学院、中央档案馆编:《1949—1952 中华人民共和国经济档案资料选编·综合卷》，北京，中国城市经济社会出版社，1990 年。

中国社会科学院、中央档案馆编:《1953—1957 中华人民共和国经济档案资料选编·综合卷》，北京，中国物价出版社，2000 年。

中国社会科学院、中央档案馆编:《1958—1965 中华人民共和国经济档案资料选编·综合卷》，北京，中国财政经济出版社，2011 年。

中国社会科学院、中央档案馆编:《1949—1952 中华人民共和国经济档案资料选编·劳动工资和职工福利卷》，北京，中国社会科学出版社，1994 年。

中国社会科学院、中央档案馆编:《1953—1957 中华人民共和国经济档案资料选编·劳动工资和职工保险福利卷》，北京，中国物价出版社，1998 年。

中国社会科学院、中央档案馆编:《1958—1965 中华人民共和国经济档案资料选编·劳动就业和收入分配卷》，北京，中国财政经济出版社，2011 年。

中国社会科学院、中央档案馆编:《1949—1952 中华人民共和国经济档案资料选编·工业卷》，北京，中国物资出版社，1996 年。

中国社会科学院、中央档案馆编:《1953—1957 中华人民共和国经济档案资料选编·工业卷》，北京，中国物价出版社，1998 年。

中国社会科学院、中央档案馆编:《1958—1965 中华人民共和国经济档案资料选编·工业卷》，北京，中国财政经济出版社，2011 年。

中国社会科学院、中央档案馆编:《1949—1952 中华人民共和国经济档案资料选编·商业卷》，北京，中国物资出版社，1995 年。

中国社会科学院、中央档案馆编：《1953—1957 中华人民共和国经济档案资料选编·商业卷》，北京，中国物价出版社，2000 年。

中国社会科学院、中央档案馆编：《1958—1965 中华人民共和国经济档案资料选编·商业卷》，北京，中国财政经济出版社，2011 年。

中国社会科学院、中央档案馆编：《1949—1952 中华人民共和国经济档案资料选编·基本建设投资和建筑业卷》，北京，中国城市经济社会出版社，1989 年。

中国社会科学院、中央档案馆编：《1953—1957 中华人民共和国经济档案资料选编·固定资产投资和建筑业卷》，北京，中国物价出版社，1998 年。

二、北京市档案馆馆藏档案资料

共涉及中国共产党北京市委员会、北京市人民政府、北京市劳动局、北京市计划委员会、北京市财经委员会、北京市总工会、北京市粮食局、北京市教育局、北京市统计局、北京市纺织工业局、北京市第一地方工业局等全宗档案。

三、北京市地方志资料

北京市地方志编纂委员会编，共涉及劳动志、人民生活志、计划志、统计志、房山区志、丰台区志、石景山区志、西城区志、海淀区志、崇文区志、东城区志、怀柔县志、大兴县志、通县志、昌平县志、密云县志、人口志、工商行政管理志、民政志等地方志资料。

四、公开出版资料

北京市档案馆编：《北平解放》，北京，中国档案出版社，2009 年。

北京市档案馆编：《国民经济恢复时期的北京》，北京，北京出版社，1995 年。

北京市档案馆、中共北京市委党史研究室编：《北京市重要文献选编（1948—1965）》，北京，中国档案出版社，2001—2007 年。

北京市统计局编：《北京四十年——社会经济统计资料（1949—1989）》，北京，中国统计出版社，1990 年。

国家统计局社会统计司编：《中国劳动工资统计资料（1949—1985）》，北京，中国统计出版社，1987 年。

中华人民共和国国家经济贸易委员会编：《中国工业五十年（第 1—20 卷）》，中国经济出版社 2000 年版。

全国总工会保障工作部编：《劳动工资社会保障政策法规汇编（1999—2005）》，2005 年。

劳动部政策法规司、吉林省劳动厅编：《劳动政策法规全书（第一卷）》，辽宁，吉林科学技术出版社，1990 年。

劳动和社会保障部、中共中央文献研究室编：《新时期劳动和社会保障重要文献选编》，北京，中国劳动社会保障出版社、中央文献出版社，2002 年。

劳动部劳动力调配局编：《劳动力管理工作文件汇编》（内部文件），北京，1961 年。

国家劳动总局政策研究室资料组编：《劳动问题研究资料》，北京，劳动出版社，1981 年。

《建国以来重要文献选编》第 3—19 册，北京，中央文献出版社 1992—1998 年版。

五、报刊资料

报纸：《人民日报》；《北京日报》；《首都建设报》；《工人日报》。

刊物：《前线》（1958—1966 年）；《北京工作》（内部刊物）；《中国劳动》（1953—1965 年、1979 年）；《中国劳动经济学》；《中国工人》。